STAURÄUME

Text: Alejandro Asensio
Artdirektion: Marta Navarro
Bildredaktion: Javier Alonso
Layout: Sigrid Bueno

Parragon Books Ltd
Queen Street House
4 Queen Street
Bath BA1 1HE, UK

Übersetzung aus dem Spanischen: Wolfgang Eisenhuth
Redaktion: trans texas GmbH, Köln

ISBN 10: 1-40547-632-X
ISBN 13: 978-1-40547-632-4

Printed in China

KÜCHE
BAD
STAURÄUME
TAGESBEREICH
SCHLAFZIMMER

Inhalt

TAGESBEREICH

Wohnzimmer 14

Arbeitszimmer 62

KÜCHE

Einrichtung 92

Zubehör 126

Kleiderschränke Bücherborde Konsolen Regale Anrichten Vitrinen Fernsehmöbel Schreibtische Wandschränke Module Körbe Stützen Vorratsschränke Kommoden Garderoben Kisten Schubladen Aufhängungen Bögen Container Schachteln Türen Bänke Wagen

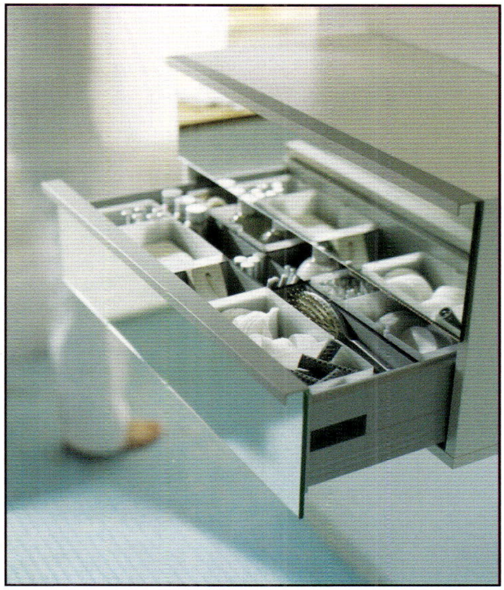

SCHLAFZIMMER

Garderobe 152

Einrichtung 176

BAD

Einrichtung 196

Zubehör 228

Einführung

Wir alle sehen uns tagtäglich immer wieder vor folgende Frage gestellt: Wohin mit all dem Kleinkram, den Dingen, die wir zwar häufig brauchen, aber nicht immer sehen wollen?
Wohn- und Stauraum wird immer knapper. Deshalb müssen Lösungen gefunden werden, die uns beim Aufbewahren der täglich benutzten Dinge behilflich sein können.
In diesem Band geben Hersteller aus der Möbel- und Einrichtungsbranche Antwort auf alle Fragen rund um das Thema Aufbewahrung. Alle Produkte entsprechen dem neuesten Design.

Eine der wichtigsten Eigenschaften der hier in mehreren Kapiteln abgebildeten Möbel- und Einrichtungsvorschläge ist ihre große Flexibilität und Vielseitigkeit. Die vorgestellten Lösungen passen sich an die verschiedensten Wohnräume und Bedürfnisse an und können häufig mit wenigen Handgriffen nach Lust und Laune verändert werden.
Wenn Sie unsere praktischen Stauvorschläge umsetzen, schaffen Sie Funktionsflächen, die Ihnen den Zugang zu allen benötigten Gegenständen augenblicklich erleichtern.

Neue Technologien ermöglichen die Herstellung immer leichterer Behälter. Rollcontainer eignen sich besonders für die Aufbewahrung von Kleidungsstücken, Küchen- oder Badezubehör.
Bei der Auswahl der Möbel spielt auch die Farbe eine wesentliche Rolle. Intensive und lebendige Farben machen unsere Wohnräume jung und modern.
Dieser Band zeigt farbenfrohe Möbel, die sich durch einfache Linien auszeichnen und häufig aus besonders leichten Materialien hergestellt sind.
Er gibt eine klare Antwort auf alle Fragen zum Thema Einrichtung und Organisation von Wohnräumen, ganz egal, wie diese beschaffen sind. Hierbei werden besonders die Bereiche Wohnen und Arbeiten, Schlafzimmer, Küche und Bad erfasst.
Sie werden auch für die speziellen „Schwachpunkte" Ihrer Wohnung eine handliche und geschmackvolle Lösung finden.

Tagesbereich

Wohnzimmerregale Konsolen Arbeitszimmer Vitrinen Zubehör Möbel und Module

In diesem Kapitel werden unterschiedliche Staumöglichkeiten für den Tagesbereich, also für Wohn- und Arbeitszimmer vorgestellt. Dabei hat man die Wahl zwischen vielen verschiedenen Variationsmöglichkeiten: von offenen Regalen bis hin zu mit Türen verschließbaren Elementen, die völlig in die Wand integriert werden können.
Die meisten Möbel sind nach einem Modulprinzip aufgebaut. Dies schafft besonders flexible Platzierungsmöglichkeiten. Zusätzlich können auch Schubladen, Türen und weitere Regale ganz nach Ihrem Geschmack und Ihren Bedürfnissen hinzugefügt werden.
Besonders flexibel lässt sich Ihr Raum gestalten, wenn Sie die Möbel auch in Höhe und Breite verändern können.
Die Auswahl hängt letztendlich von der jeweiligen Nutzung des Raumes, der Tätigkeit und der Platzierung im Raum ab.

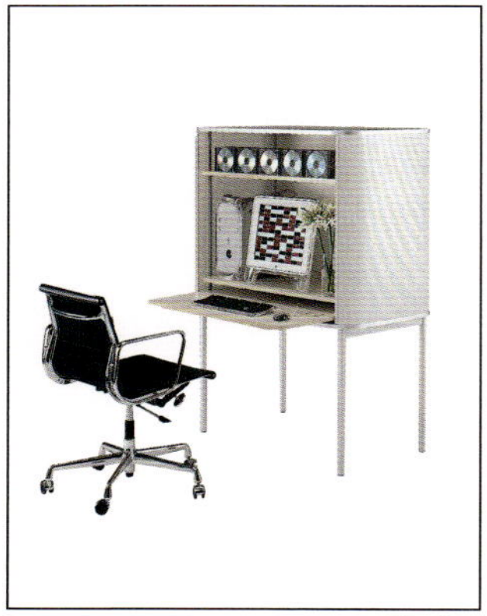

Küche

Kücheneinrichtung Zubehör Vorratsschränke

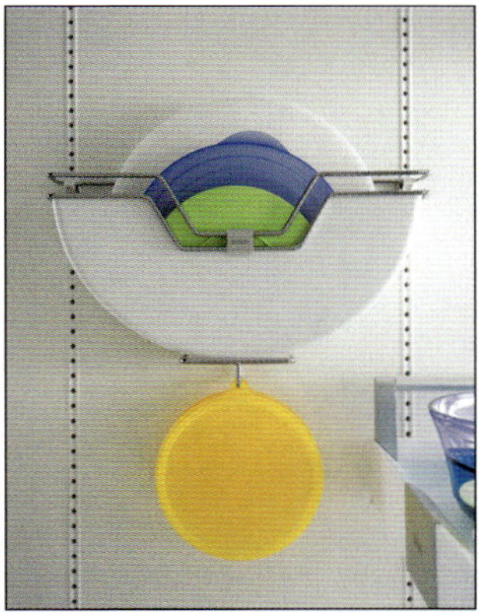

In der Küche herrscht immer Platznot. Im Kapitel zum Thema Küche werden unterschiedliche Lagerungs- und Aufbewahrungssysteme vorgestellt, die die alltäglichen Handgriffe wesentlich vereinfachen.

Gezeigt werden sowohl Einbauküchen, bei denen alle Elemente im gleichen Modul integriert sind, als auch frei zusammengestellte Systeme, die sich beliebig mit bereits vorhandenen Möbeln kombinieren lassen. Dabei spielt es natürlich auch eine Rolle, ob Sie eine klare, einheitliche Front oder lieber eine optisch aufgelockerte Küchenzeile bevorzugen.

Bei der Auswahl der Küchenelemente ist besonders die Vielzahl der Behälterarten, -größen und -formen zu berücksichtigen. So sind Sie in der Lage, Ihre Küche ganz allein auf Ihre speziellen Bedürfnisse abzustimmen.

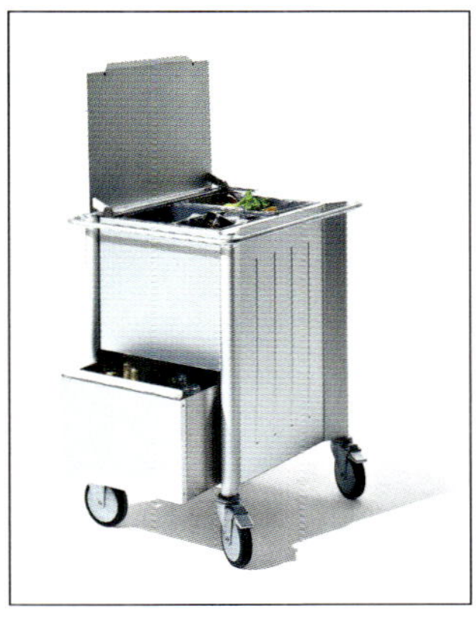

Schlafzimmer

Garderobe Einrichtung Möbel Betten Zubehör und Module

Das Schlafzimmer dient der Entspannung. Dem muss auch bei der Auswahl der Einrichtung mit besonderer Aufmerksamkeit Rechnung getragen werden.
Im Schlafbereich werden die verschiedensten Behältertypen vorgestellt. Die meisten sind mit Rollen ausgestattet und deshalb besonders flexibel. Sie passen sich jeder Räumlichkeit an. Da die Elemente besonders leicht sind, ist ein einfacher Zugang möglich. Die Betten besitzen klare Linien und können leicht mit Nachttisch und Matratze kombiniert werden. Ebenso können andere Elemente, wie z. B. Regale oder Schubladen, in verschiedenen Größen angegliedert werden.

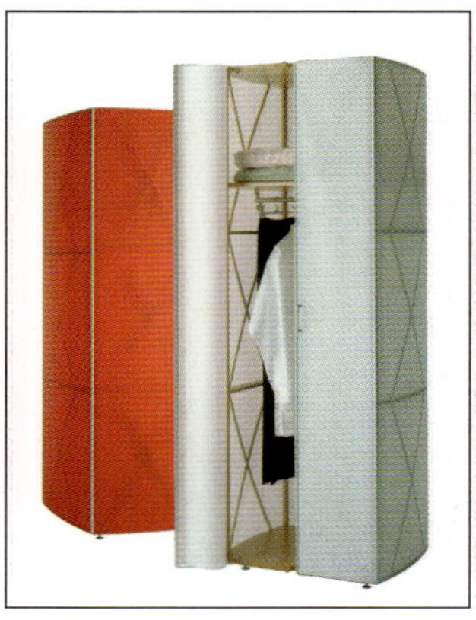

Bad

Einrichtung Waschbecken Zubehör

Im Bad wird zwar weniger Zeit verbracht, deshalb ist es aber lange noch nicht weniger wichtig. Auch hier ist eine optimale Raumnutzung erforderlich. Die Flexibilität der Elemente leistet hierbei große Hilfe. Auch die Anordnung des Waschbeckens kann sehr wichtig sein. Die Integrierung von Waschbecken und Schubladen bietet in diesem Bereich optimale Platznutzung. Außerdem wird weiteres Zubehör vorgestellt.

Tagesbereich

Regale Konsolen Vitrinen Zubehör Möbel Module

Zu Hause verbringen wir die meiste Zeit im Wohn- und Arbeitsbereich. Hier befinden sich die Räume, in denen wir entspannen, essen, arbeiten und lernen.
Die benutzten Stausysteme richten sich nach den verschiedenen Aufgaben, die der Tagesbereich erfüllen muss. Sie sollten besonders geräumig sein, da eine Vielzahl von Gegenständen in ihrem Inneren verstaut werden. Eine vielseitige Nutzbarkeit der Stausysteme ist ebenso wichtig.
Es können außerdem Module genutzt werden, deren Größe und Stauraum je nach Anzahl der zu verstauenden Gegenstände variiert werden können. Diese Module können beweglich oder fest platziert sein. Einige haben einen integrierten Schreibtisch und können das Regal in einen Arbeitsbereich verwandeln.

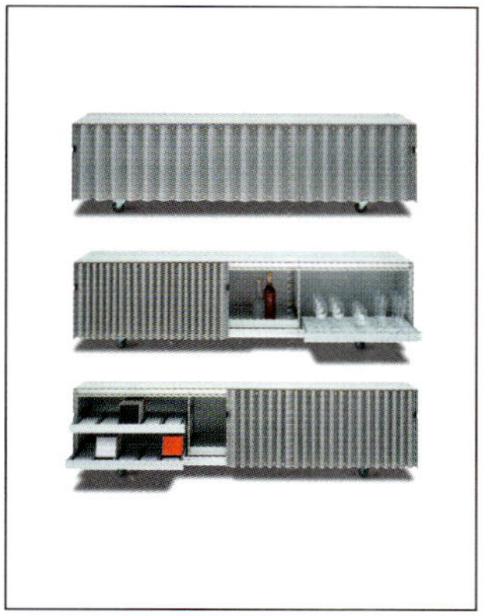

Wohnzimmer

Regale Konsolen Vitrinen Möbel Module

Das Wohnzimmer ist der Raum, in dem wir täglich am meisten Zeit verbringen. Der Gebrauch flexibler und kompakter Möbel trägt zur optimalen Raumnutzung bei und ermöglicht sogar zusätzlichen Raumgewinn.
Modulsysteme eignen sich deshalb besonders für das Wohnzimmer, da sie sich an jede Breite und Höhe des Wohnraums anpassen lassen. Verstellbare Regale mit verschiedenen Größen und mit eingegliederten Schubladen und Schränken stellen eine optimale Lösung dar, um verschiedenste Gegenstände zu verstauen.
Weiterhin werden auf den folgenden Seiten Sofas mit Stauraum und einer kompakten und linealen Form vorgestellt sowie verschiedene Stile und Dekorationsvorschläge für das Wohnzimmer angeboten.

Verschiedenartig nutzbare Stauräume aus rechteckigen Modulen. Die Wände sind aus Eiche gefertigt.
Zu ergänzen mit Schiebetüren, Rollen, Fernsehmöbeln und Beleuchtung.

HERSTELLER **LIGNE ROSET**
KOLLEKTION **SQUARE**

Dieses Regal bietet reichlich Raum für Bücher.
Die offene Struktur eignet sich besonders für die Ausstellung von Statuen oder für Dekorationen aller Art. Der hohe Wandschrank mit fünf Einlegeböden ist besonders für die Aufbewahrung häufig benutzter Gegenstände wie z. B. Glasgeschirr geeignet.

HERSTELLER **LIGNE ROSET**
KOLLEKTION **CINELINE**

Modulsystem und Regale kombinierbar mit Rollen, Holztüren oder Schubladen. Die Kollektion bietet optimale Platznutzung und Staumöglichkeiten.
Ebenso können Hi-Fi-Anlagen, Computer oder Fernsehgeräte integriert werden.

HERSTELLER **PUNT MOBLES**
KOLLEKTION **LITERATURA**

In diesem Modulsystem können Regale und Schubladen beliebig miteinander kombiniert werden. Die Halogenstrahler sorgen für raffinierte Beleuchtung.

HERSTELLER **SAWAYA & MORONI**
KOLLEKTION **ILLUMINAT**
DESIGN **WILLIAM SAWAYA**

Dieses System kann in Höhe und Breite frei variiert werden und besitzt Türen aus Holz oder Glas.

HERSTELLER **MDF ITALIA**
KOLLEKTION **BOOKCASE**
DESIGN **B. FATTORINI**

Das entscheidende Merkmal dieses Möbels im Vergleich zu anderen Regalsystemen ist seine Flexibilität. Es kann an jeden Raum angepasst werden.
Mit nur zwei Elementen entsteht eine unendliche Zahl an Kombinationsmöglichkeiten. Die Montage kann von einer Person bewerkstelligt werden und gestaltet sich sehr schnell und einfach.

HERSTELLER **ZEITRAUM**
KOLLEKTION **WEBWEB**
DESIGN **HERTEL KLARHOEFER**

RECHTS:

Regal aus einzelnen Kästen, die mit einem besonderen Verschlusssystem aneinander montiert sind. Damit können geschwungene und dynamische Formen erzeugt werden.

HERSTELLER **LAGO**
KOLLEKTION **COMPOSITION**
DESIGN **DANIELE LAGO**

Bücherregal aus anodisiertem Aluminium mit Einlegeböden in einer Breite von 150 bis 400 cm und wählbarer Tiefe. In Kombination mit den flexibel anzuordnenden Trägern entsteht so ein unendlich variables System.

HERSTELLER **BELLATO**
KOLLEKTION **CALIFORNIA**
DESIGN **LUCIANO BERTONCINI**

Bücherregal mit Modulen aus eloxiertem Aluminium mit bis auf einen Millimeter einstellbaren Regalbrettern. Das Bücherregal kann an Wand und Boden befestigt werden. Die Montage von Lampen unterhalb der Regalbretter ist möglich.

HERSTELLER **DI PALMA ASSOCIATI**
KOLLEKTION **DOT SYSTEM**
DESIGN **KREATIVE + MONICA**

Hi-Fi-TV-Element mit offenen Fächern und Ablagen aus poliertem Aluminium. Funktionalität und Nüchternheit bestimmen das Design, und vor allem der leicht einzubauende Plasmafernseher vermittelt einen Hauch Futurismus.

HERSTELLER **MDF ITALIA**
KOLLEKTION **LCD/PLASMA TV PANEL**
DESIGN **BRUNO FATTORINI**

Selbsttragende Wandpaneele, die mit Regalen oder Einzelelementen anderer Kollektionen kombinierbar sind.

HERSTELLER **MDF ITALIA**
KOLLEKTION **ELEVENFIVE**
DESIGN **BRUNO FATTORINI**

Je nach Aufbau der Module können niedrige, hohe, flächige oder gestuft angelegte Lösungen gefunden werden. Es gibt fünf Einstellungen für Höhe, Tiefe und Breite. Das Möbel ist mit Glasschiebetüren und Beleuchtungssystem erhältlich.

HERSTELLER **PUNT MOBLES**
KOLLEKTION **GEOMÈTRIC**
DESIGN **VICENT MARTÍNEZ**

Regal aus mit Laminat beschichtetem Sperrholz mit Stahlfuß. Die Schiebetür ist entweder mit Kreisen bedruckt oder mit einem Blumenstoff bezogen.

HERSTELLER **ZANOTTA**
KOLLEKTION **SPEED**
DESIGN **CARLO COLOMBO**

Dieses vielseitige Möbel ist so konstruiert, dass seine Elemente in alle Richtungen geöffnet werden können. Außerdem verfügt es über unterschiedliches Zubehör, das besonders das Verstauen von Gegenständen erleichtert.

HERSTELLER **INTERLUEBKE**
KOLLEKTION **CUBE**
DESIGN **WERNER AISSLINGER**

HERSTELLER **WOGG**
KOLLEKTION **WOGG 36 SIDEBOARD**
DESIGN **CHRISTOPHE MARCHAND**

OBEN:

HERSTELLER **TISETTANTA**
KOLLEKTION **QUADRATUS**

UNTEN:

Multimedia-Element für Breitbildfernseher. In den Boden sind Kabeldurchlässe eingebaut.

HERSTELLER **WOGG**
KOLLEKTION **WOGG 21 BEHÄLTERMÖBEL – SERIE GROSS**
DESIGN **BENNY MOSIMANN**

Vielseitig nutzbares Stauelement mit Holzstruktur. Das Schiebeelement ist aus lackiertem Holz oder rostfreiem Stahl hergestellt.

HERSTELLER **PORRO**
KOLLEKTION **ROLL**
DESIGN **PIERO LISSONI**

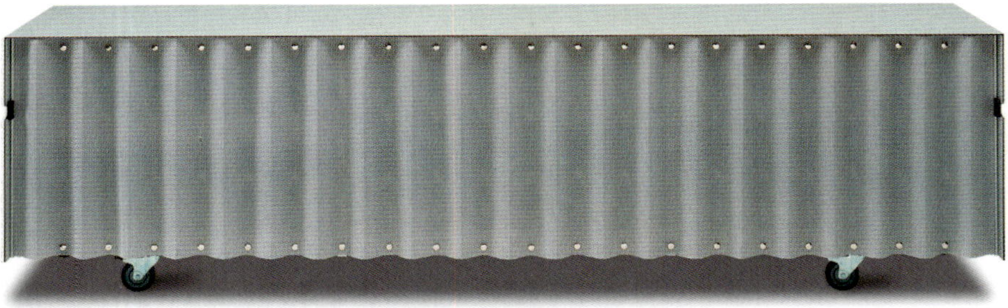

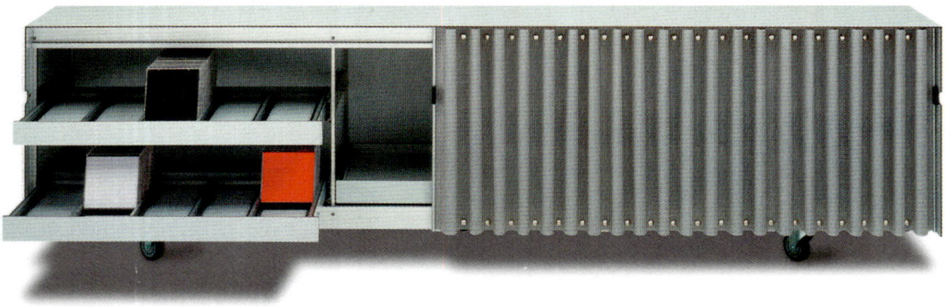

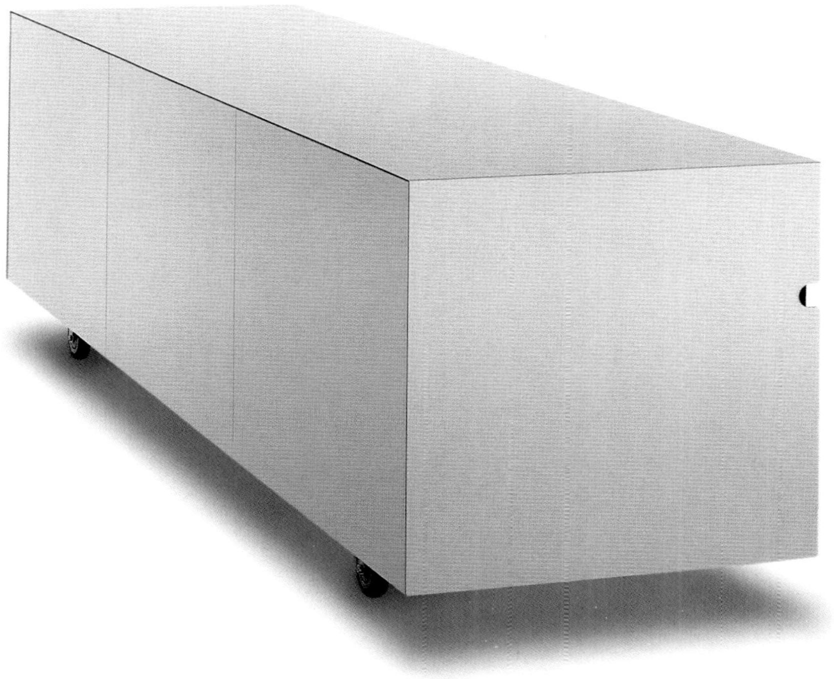

HERSTELLER **THUT**
KOLLEKTION **ALUCOBOND-SIDEBOARD NR. 460**
DESIGN **KURT THUT**

Dieses einfache und vielseitige System besteht aus einem Individualmodul, das bis zu sechsmal übereinander gestellt werden kann. Das Modul kann mit Rollen versehen werden. Eine Ausstattung mit Schiebetüren ist ebenfalls möglich.

HERSTELLER **STUA**
KOLLEKTION **SAPPORO SYSTEM**
DESIGN **JESUS GASCA**

HERSTELLER **MDF ITALIA**
KOLLEKTION **NEWCASE**
DESIGN **F. BETTONI + B. FATTORINI**

Dieses Sideboard eignet sich für Küche und Wohnraum ebenso wie für das Arbeitszimmer.

HERSTELLER **WOGG**
KOLLEKTION **WOGG 18 SIDEBOARD**
DESIGN **BENNY MOSIMANN**

Dieses Möbel gibt es in verschiedenen Ausführungen: als Anrichte, Bücherregal, Vitrine und Fernsehmöbel. Die abgebildete Tür öffnet sich durch eine Hebelmechanik.

HERSTELLER **BELLATO**
KOLLEKTION **LEONARDO**
DESIGN **LUCIANO BERTONCINI**

Bücherregal aus Alu und PMMA-Kunststoff. Die leichten Elemente sind selbst montierbar.

HERSTELLER **PORRO**
KOLLEKTION **ENDLESS PLASTIC**
DESIGN **WERNER AISSLINGER**

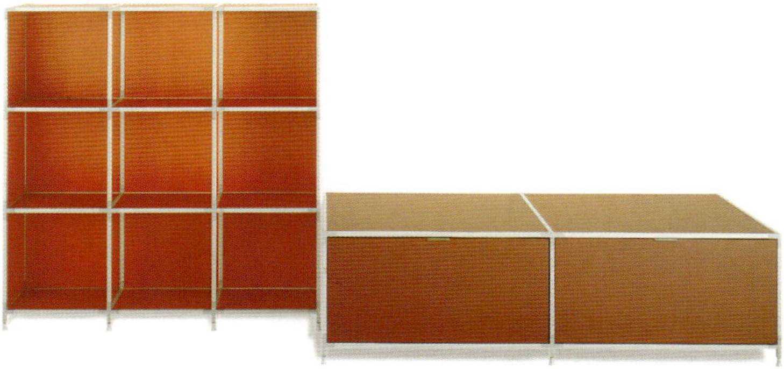

HERSTELLER **ZANOTTA**
KOLLEKTION **SOHO**
DESIGN **EMAF PROGETTI**

RECHTS:

Es handelt sich hier um ein System ausziehbarer Regale. Der einfache Innenmechanismus erlaubt den robusten Kunststoffelementen eine geradlinige Bewegung, ohne dass das Regal an Stabilität verliert.

HERSTELLER **DI PALMA ASSOCIATI**
KOLLEKTION **XT**
DESIGN **GIOACCHINI + MERLINI + VELLA**

HERSTELLER **MISCEL•LÀNIA**
KOLLEKTION **LIVING DESIGN**
DESIGN **THE GLOBE**

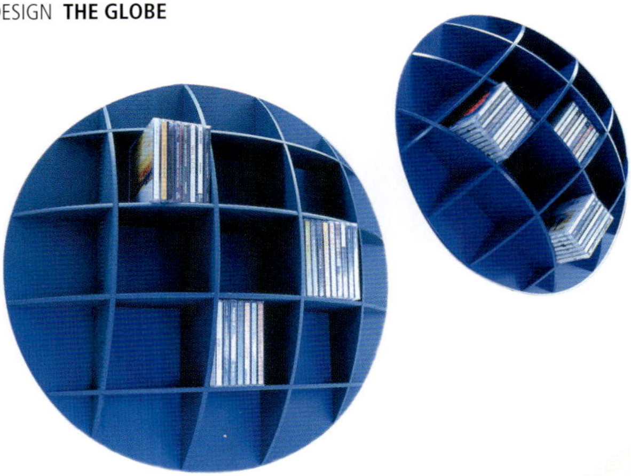

RECHTS:

HERSTELLER **DI PALMA ASSOCIATI**
KOLLEKTION **XT**
DESIGN **NILO GIOACCHINI + M. MERLINI + M. VELLA**

Montagesystem, das mit drei Aluminiumschienen kombinierbar ist. Die so entstehende individuelle Regallösung wird sowohl ästhetischen als auch praktischen Ansprüchen gerecht. Die Regale können mit Türen, Schubläden und Aufbewahrungsboxen versehen werden und eignen sich sowohl für eine Wandmontage wie für ein frei bewegliches Arrangement auf Rollen.

HERSTELLER **STUDIO DE ESTOLI**
KOLLEKTION **MODULAR MODULES**
DESIGN **ROVIRAS + TORRENTE ASS.**

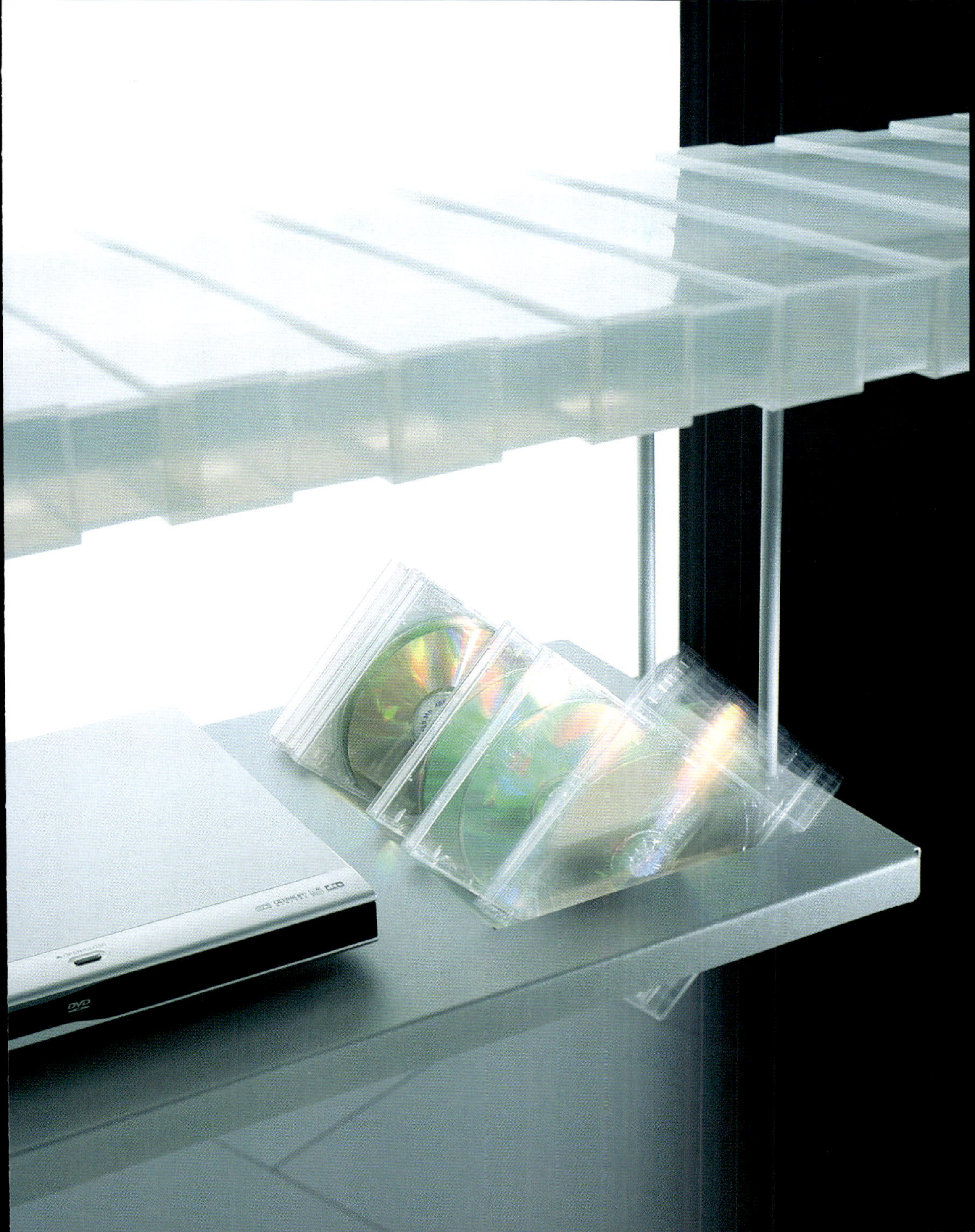
OPEN/CLOSE
DVD

Regalsystem mit Einlegeböden von 150 bis 400 cm Breite aus anodisiertem Aluminium.
Die Höhe, Länge und Tiefe der Regale kann nach Wunsch beliebig verändert werden, weswegen diese unendlich viele Kombinationsmöglichkeiten bieten.

HERSTELLER **BELLATO**
KOLLEKTION **CALIFORNIA**
DESIGN **LUCIANO BERTONCINI**

Modulsystem aus anodisiertem Aluminium. Die Abdeckplatte ist aus carrarischem Marmor oder Wengé gefertigt.

HERSTELLER **MDF ITALIA**
KOLLEKTION **MINIMA 60**
DESIGN **B. FATTORINI**

Glasvitrine, die Bücher oder dekorative Gegenstände wie in einer Ausstellung zur Geltung bringt.

HERSTELLER **PORRO**
KOLLEKTION **SEFER**
DESIGN **YAACOV KAUFMAN**

Dieses Regalsystem aus verschiedenen Aluminiumprofilen ist speziell für die Aufbewahrung von CDs, DVDs, Büchern usw. entwickelt worden.

HERSTELLER **TRAMO**
KOLLEKTION **PARALEL**
DESIGN **ESTUDI BLANC**

Klappbares Regal aus Holz und eloxiertem Aluminium. Leicht zu transportieren.

HERSTELLER **THUT**
KOLLEKTION **SCHEREN-REGAL 399**

Dieses Bücherregal besteht aus vielen holzbeschichteten Elementen mit einer abgerundeten Ecke. Die Staukapazität des Bücherregals ist für seine Größe bemerkenswert. Das Objekt ist seitlich um 45 Grad gekippt, um die Büchersuche zu erleichtern.

HERSTELLER **SAWAYA & MORONI**
KOLLEKTION **EX LIBRIS**
DESIGN **WILLIAM SAWAYA**

HERSTELLER **SAWAYA & MORONI**
KOLLEKTION **SUPERSTORE**
DESIGN **PLATT + YOUNG**

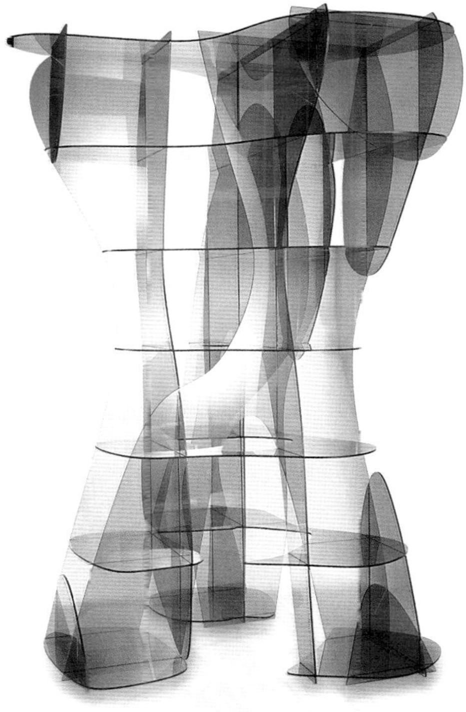

Dieses handgefertigte Aufbewahrungslement besteht aus PMMA-Kunststoff. Die drei Elemente sind in alle Richtungen versetzbar. Das Regal ist in verschiedenen Farben erhältlich.

HERSTELLER **SAWAYA & MORONI**
KOLLEKTION **THREE-ONE BOOK-SHELF, 2003**
DESIGN **JAKOB + MACFARLANE**

Ein luftiges, sehr mobiles Aufbewahrungssystem, das in beliebiger Größe montiert und mit Türen, verschiedenen Containern etc. ausgestattet werden kann. Das moderne, leichte Design wird heutigen Ansprüchen an Flexibilität und Ästhetik gerecht.

HERSTELLER **STUDIO DE ESTOLI**
KOLLEKTION **MODULAR MODULES**
DESIGN **ROVIRAS + TORRENTE**

Dieses Arbeits-und Studiermöbel besteht aus zwölf Behältern in Würfelform. Jedes Element ist an einer Seite offen. Alle Behälter sind mit einem Griff verbunden und auf Druck leicht zu öffnen.

HERSTELLER **SAWAYA & MORONI**
KOLLEKTION **PANDO CABINE**
DESIGN **PLATT + YOUNG**

Ein Sekretär aus Eichenholz und lackiertem Metall. Vielseitig nutzbar.

HERSTELLER **DO+CE**
KOLLEKTION **OTTO Y NAWA**
DESIGN **RCARD VILA**

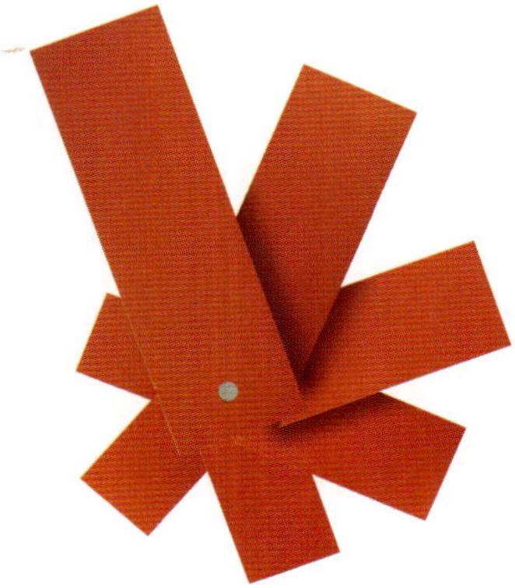

Drehbares Möbelstück aus Wengé. Das originelle Design erlaubt eine ständige Veränderung des Aussehens.

HERSTELLER **ZANOTTA**
KOLLEKTION **JOY**
DESIGN **ACHILLE CASTIGLIONI**

Regal, Konsole oder niedriger Tisch: Dieses Modul kann jeder Situation angepasst werden. Es macht bisher nicht genutzte Flächen nutzbar.

HERSTELLER **HABITAT**
KOLLEKTION **LECCO**

Dieses exklusive Modulsystem wird an einen ausziehbaren Aluminiumstab montiert und bietet eine Vielzahl von Kombinationsmöglichkeiten.

HERSTELLER **ZANOTTA**
KOLLEKTION **45 WOODGIANFRAN**

Eine nüchterne Kollektion für Büro und Haushalt, sehr funktionell und höchst originell.
Schreibtische in unterschiedlicher Höhe für unterschiedliche Tätigkeiten. Regale in verschiedenen Größen, die untereinander und mit anderen Tischen und Schreibtischen kombiniert werden können.

HERSTELLER **KABALAB LLC**
KOLLEKTION **KABAFURNITURE**
DESIGN **BARBARA KOHLER & KARLHEINZ SCHEMPP**

HERSTELLER **STUDIO DE ESTOLI**
KOLLEKTION **MODULAR MODULES**
DESIGN **ROVIRAS Y TORRENTE ASS**

RECHTS:

HERSTELLER **MDF ITALIA**
KOLLEKTION **ALUMINIUM CABINETS**
DESIGN **BRUNO FATTORINI**

HERSTELLER **LAGO**
KOLLEKTION **NET**

Diese Möbel verbinden klassisches Design mit modernen Materialien und erzeugen so eine ganz besondere Atmosphäre.

HERSTELLER **STUA**
KOLLEKTION **STONEWALL**
DESIGN **JON GASCA**

BAUHAUS

HERSTELLER **MONTIS**
KOLLEKTION **INTU**
DESIGN **NIELS BENDTSEN**

HERSTELLER **MONTIS**
KOLLEKTION **INTU**
DESIGN **NIELS BENDTSEN**

HERSTELLER **KLENK**
KOLLEKTION **STREET**

HERSTELLER **CLUB 8 COMPANY**

Arbeitszimmer

Bücherregale Aufbewahrungslösungen Module

Die übersichtliche Aufbewahrung von Materialien ist für das effektive Arbeiten im eigenen Büro sehr wichtig.
Hierbei kommen sowohl flexible Regalsysteme in vertikaler oder horizontaler Ausrichtung als auch kompakte Möbel wie z. B. Schränke in Frage. Das macht das Verstauen von Büchern besonders leicht. Jede Aufbewahrungslösung vermittelt ein anderes Raumempfinden.
Besonders praktisch und funktionell sind Regalmöbel, die sich mit einem Schreibtisch kombinieren lassen. Eine weitere Alternative bietet die Nutzung kompakter Möbel, die Tisch, Regale und Schubladen in einem bieten. Dies eignet sich besonders für das Archivieren von Unterlagen, die täglich benötigt werden. Einige dieser Möbel sind mit Rollen ausgestattet und ermöglichen somit Flexibilität und eine einfache Montage.
Bücher können auch in Containern in unterschiedlichen Farbtönen untergebracht werden.

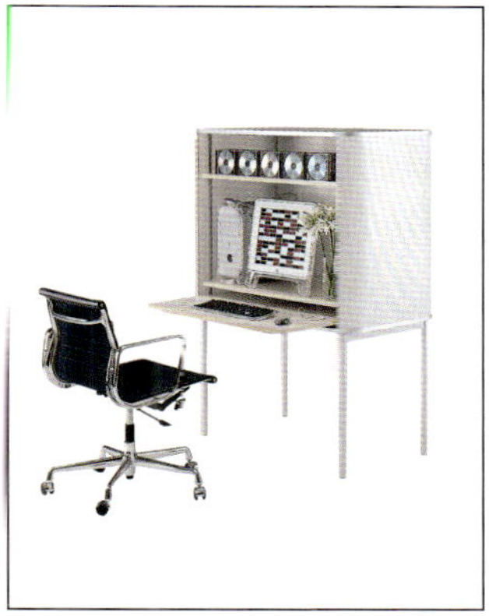

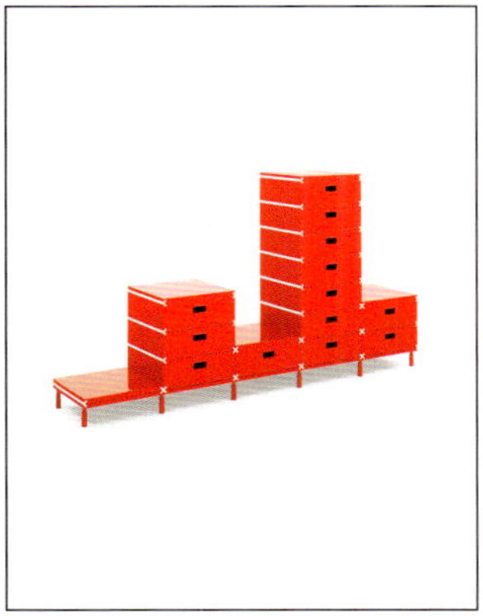

HERSTELLER **THUT**
KOLLEKTION **WERKZEUG-SCHRANK 490**

Thut Möbel
Thut Möbel
Thut Möbel
Thut Möbel
Thut Möbel
Thut Möbel

HERSTELLER **THUT**
KOLLEKTION **WERKZEUG-SCHRANK 490**

Arbeitsmöbel aus Aluminium in Chromverkleidung oder mintfarben mit Glastüren. Ausgestattet mit Türen und Schubladen.

HERSTELLER **RAPSEL**
KOLLEKTION **DOCTOR REF**
DESIGN **FABRIZIO ROSELLI**

HERSTELLER **THUT**
KOLLEKTION **REGAL 397**

HERSTELLER **THUT**
KOLLEKTION **WERKZEUG-SCHRANK 490**

Dieses flexible Regalsystem besteht aus ovalen Stangen und Einlegeböden aus Aluminium. Ein Schreibtisch kann in die Konstruktion integriert werden.

HERSTELLER **TRAMO**
KOLLEKTION **OVAL**
DESIGN **ESTUDI BLANC**

RECHTS:

Eine Regallösung kann auf preiswerte und dekorative Weise mit einer Kombination verschiedenster Aufbewahrungsboxen, Schachteln und Container kombiniert werden.

HERSTELLER **IKEA**

Dieser rollbare, dekorative Computertisch bietet durch seine Aussparung reichlich Beinfreiheit.

HERSTELLER **ALBUM**
KOLLECTION **POPOFFICE**

HERSTELLER **KABALAB LLC**
KOLLEKTION **KABAFURNITURE**
DESIGN **BARBARA KOHLER & KARL SCHEMPP**

HERSTELLER **WOGG**
KOLLEKTION **WOGG 21 SEKRETÄR**
DESIGN **BENNY MOSIMANN**

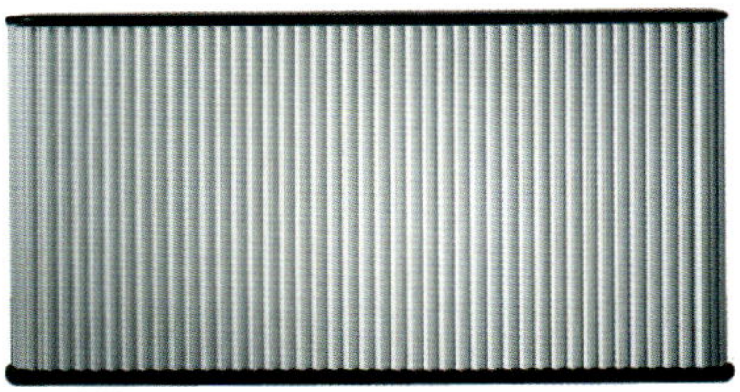

HERSTELLER **WOGG**
KOLLEKTION **WOGG 4 SCHRANK MIT ROLLFRONT**
DESIGN **JOHANN MUNZ**

Die verschiedenen Halter und Stützen ermöglichen eine unkomplizierte Aufbewahrung von Büchern, Ordnern, Unterlagen.

HERSTELLER **ZOLTAN**
KOLLEKTION **PIÙ COLLECTION**
DESIGN **CATHARINA LORENZ & STEFFEN KAZ**

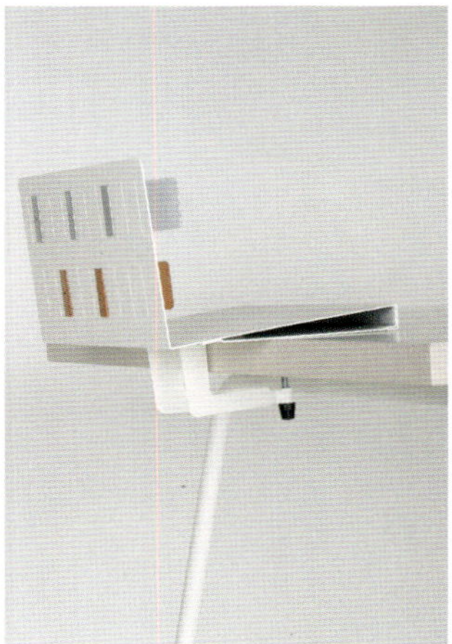

HERSTELLER **DI PALMA ASSOCIATI**
KOLLECTION **XT**
DESIGN **NILO GIOACCHINI + M. MERLINI + M. VELLA**

HERSTELLER **DO+CE**
KOLLEKTION **CUBOX**
DESIGN **RAFA ORTEGA**

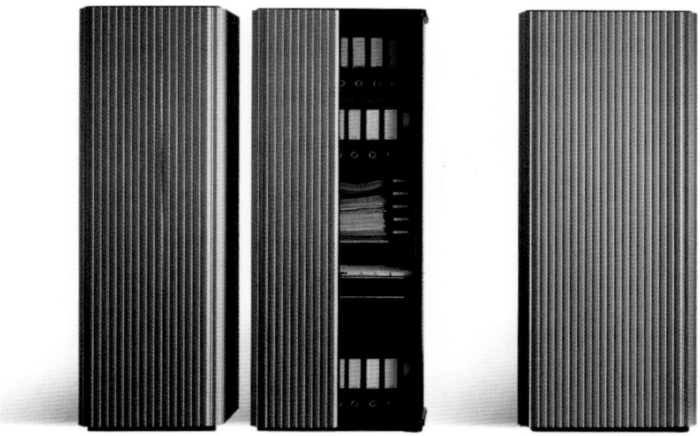

Möbel mit ästhetischem Design und innovativer Technologie; die Schiebetüren laufen endlos um den Schrankkorpus.

HERSTELLER **WOGG**
KOLLEKTION **WOGG 4 SCHRANK MIT ROLLFRONT**
DESIGN **JOHANN MUNZ**

Multifunktionale Säule, optimales Allzweckmöbel für Büro, Küche oder Kinderzimmer.

HERSTELLER **WOGG**
KOLLEKTION **WOGG 13 LITFASS-SÄULE**
DESIGN **HANS EICHENBERGER**

HERSTELLER **KABALAB LLC**
KOLLEKTION **KABAFURNITURE**
DESIGN **BARBARA KOHLER & KARL SCHEMPP**

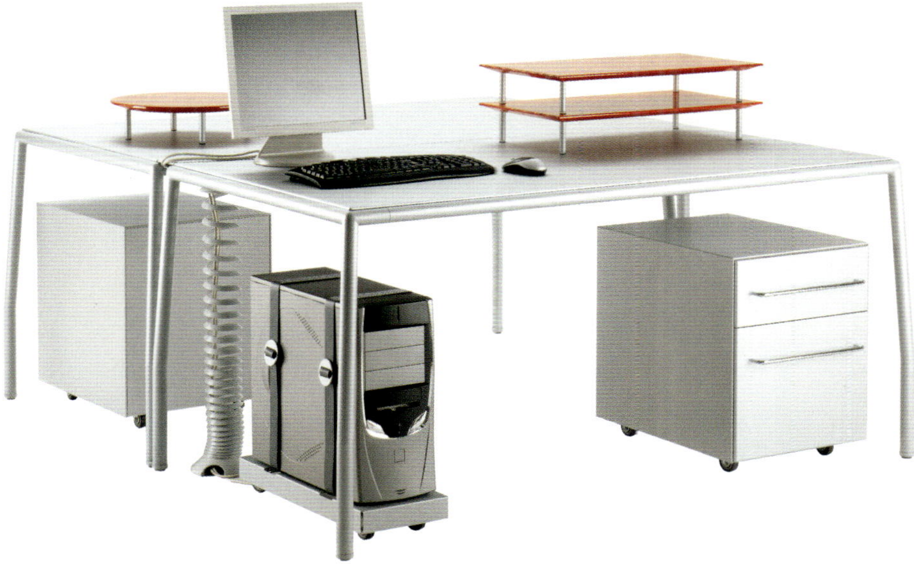

HERSTELLER **MAGIS DESIGN**
KOLLEKTION **PLUS UNIT**
DESIGN **WERNER AISSLINGER**

Eleganz in seiner schlichtesten Form mit geschmeidigen Linien.

HERSTELLER **WOGG**
KOLLEKTION **WOGG 18 SIDEBOARD**
DESIGN **BENNY MOSIMANN**

Metallarchiv in kompaktem Design.

HERSTELLER **VINÇON**
KOLLEKTION **MODULAR 5 DRAWERS**

HERSTELLER **EXTENDO**

CASE
INTERNI
XL:40
speciale
CASE
INTERNI

HERSTELLER **PUNT MOBLES**
KOLLEKTION **LITERATURA**

RECHTS:

Dieses Bücherregal mit Fächern in Standardgrößen bietet Stauraum für Bücher. Die 6 mm dünnen Böden lassen sich durch versteckte Nuten einsetzen.

HERSTELLER **MDF ITALIA**
KOLLEKTION **RANDOM**
DESIGN **NEULAND INDUSTRIEDESIGN**

Taschenbücher finden auf den höheren Böden ihren Platz. Größere Zeitschriften sollten besser weiter unten verstaut werden.

HERSTELLER **BELLATO**
KOLLEKTION **ODISSEA**
DESIGN **LUCIANO BERTONCINI**

Lose eingelegte Bücher und Zeitschriften betonen den dekorativen Charakter.

HERSTELLER **BELLATO**
KOLLEKTION **BABELE**
DESIGN **PATRICK KNOCH**

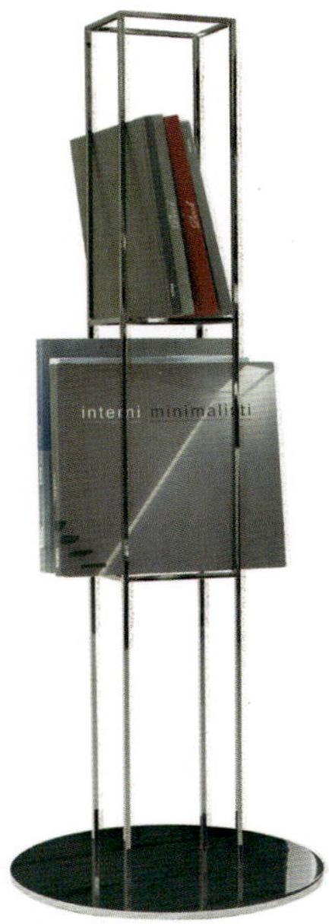

RECHTS:

HERSTELLER **PALLUCCO**
KOLLEKTION **A&B**
DESIGN **ALESSANDRO BRESCIANI + SERGIO BONIFACCIO**

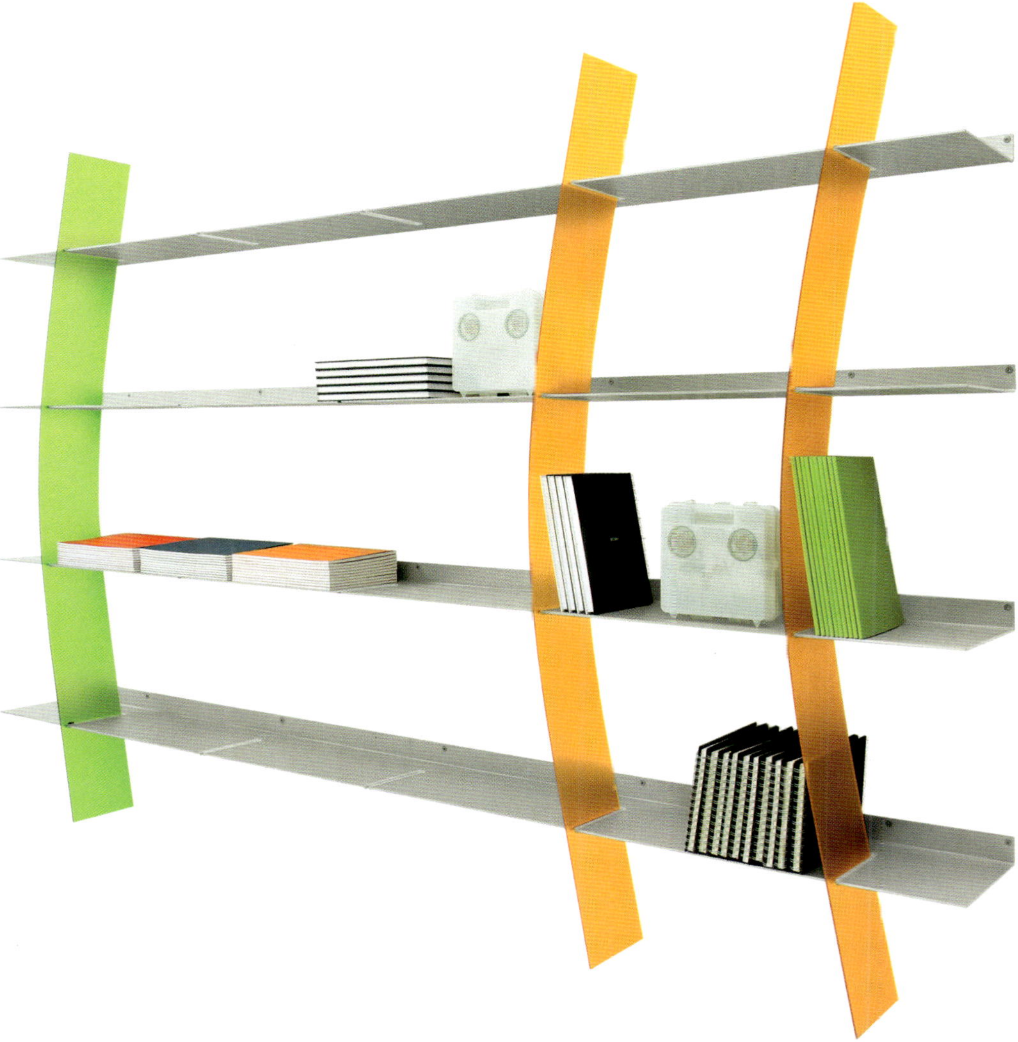

HERSTELLER **VINÇON**

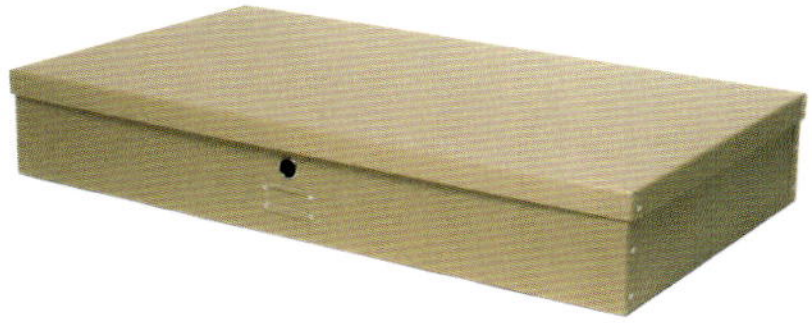

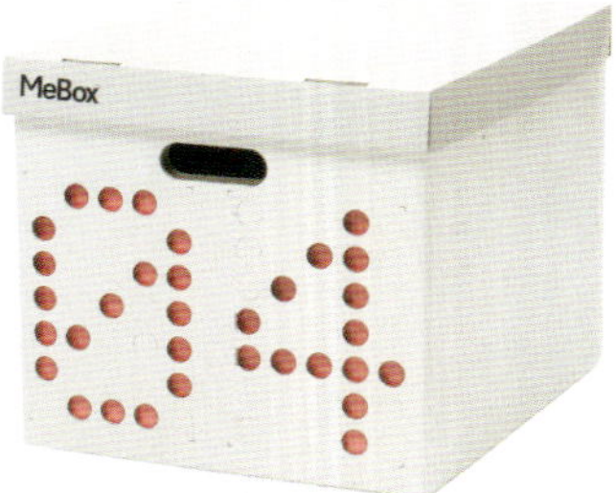

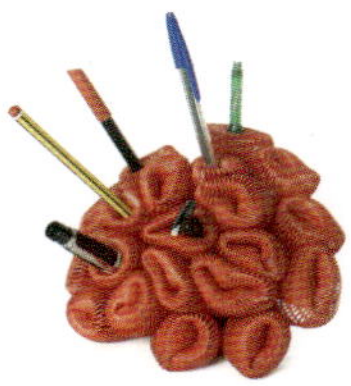

HERSTELLER **WOGG**

RECHTS:

HERSTELLER **VIABLE LONDON**
KOLLEKTION **SHELF LIFE**
DESIGN **MAGNUS LONG**

Küche

Küchensysteme Einrichtung Zubehör Vorratsschränke Wandschränke Besteckkästen

In diesem Kapitel zeigen wir Ihnen, wie Sie das Problem der Raumknappheit lösen. Durch die Anbringung von Schubladen und Regalen kann oft die komplette Wandhöhe der Küche genutzt werden. Hinzu kommen unabhängige Module, die ebenfalls Platz sparen. Wenn Sie einzelne Elemente verwenden, können Sie die Anordnung der Möbel jederzeit verändern. Außerdem können diese Möbel mit anderen, bereits vorhandenen Einrichtungselementen kombiniert werden.

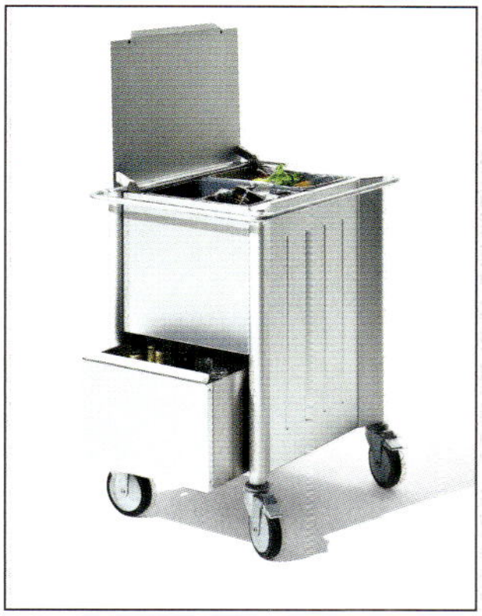

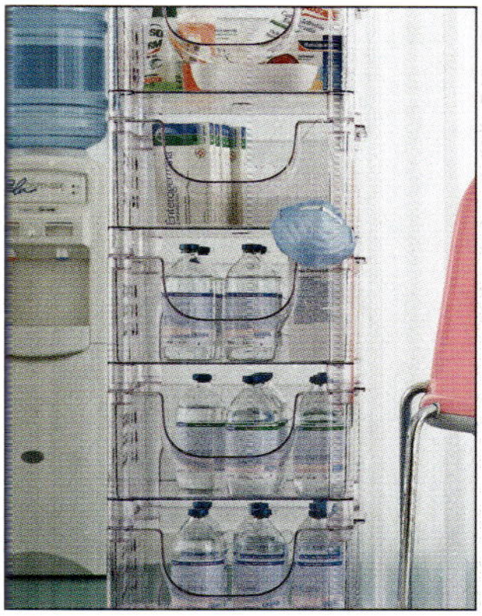

Einrichtung

Küche Möbel Zubehör Module

Da in Küchen häufig besondere Platznot herrscht, ist es wichtig, alle Elemente gut anzuordnen. Unterschiedlich große Schubladentypen und Regale sind praktisch, um Besteck, Kochutensilien oder Lebensmittel je nach Form und Größe zu verstauen. Damit sparen Sie Platz und verschwenden keine Zeit mit der Suche nach den benötigten Dingen.

Einzelne Küchenmöbel mit Rollen werden immer beliebter und bieten sich besonders für die Aufbewahrung von Haushaltsgeräten an. Die Flexibilität dieser Elemente macht das Ordnen und Verstauen besonders einfach. Behälter in verschiedenen Farbtönen und aus unterschiedlichen Materialien geben Ihrer Küche einen jeweils anderen Charakter.

Bei der Anschaffung eines beweglichen Möbels ist es von Vorteil, wenn es von allen vier Seiten benutzt werden kann. Solch ein flexibles Element ermöglicht Ihnen eine optimale Raumnutzung – und obendrein sieht es raffiniert aus!

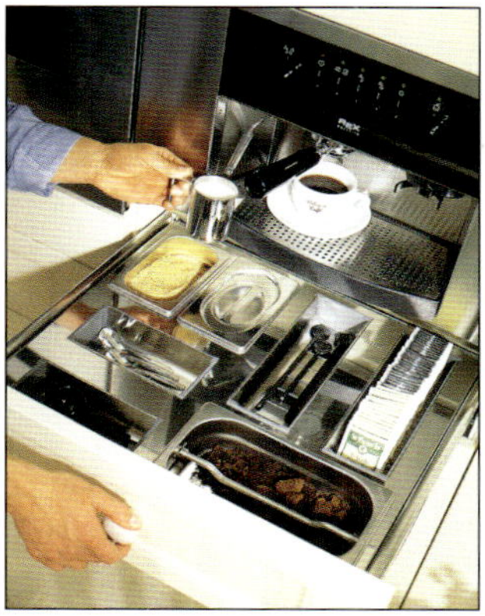

Die Front- und Seitenteile sind aus neu entwickeltem eloxierten Aluminium gefertigt. Dieses originelle System besteht aus Glas, Einlegeböden und Rollläden vor den Regalen.

HERSTELLER **BULTHAUP**
KOLLEKTION **SYSTEM B3**

Dieses System folgt dem Konzept von Leichtigkeit, Helligkeit und funktionaler Ausrichtung. Es besteht aus einer Wand, an der Möbel und Module, Küchenlampen und Haushaltsgeräte befestigt werden. Durch die hoch angebrachte Arbeitsplatte und die Aussparung in Fußhöhe können Köche sehr rückenschonend arbeiten. Zudem besteht die Möglichkeit, auf Brusthöhe verschiedene Module zu montieren, an denen funktionale Elemente wie Topflappen, Gewürzregal, Küchenrollenhalter usw. Platz finden.

HERSTELLER **BULTHAUP**
KOLLEKTION **SYSTEM B3**

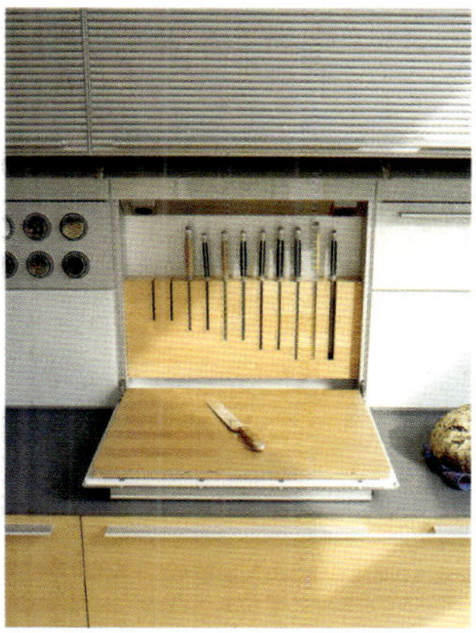

Front, Schubladeneinsätze usw. sind in vielen Materialien und Farben erhältlich, z. B. aus Laminat, lackiert, aus Mattglas, anodisiertem Aluminium, Ahorn, Kirschbaum, Bambus, Eiche und weiteren Edelhölzern.

HERSTELLER **BULTHAUP**
KOLLEKTION **SYSTEM B3**

Tisch mit Schubladen, Unterschränken, Kochplatte, Spüle – ein System ohne Grenzen, unendlich flexibel, mobil und beliebig erweiterbar.

HERSTELLER **BULTHAUP**
KOLLEKTION **SYSTEM 20**

Ein kleinteiliges System, das sich zu großen, kompletten Strukturen zusammenbauen lässt. Alle Elemente sind auch einzeln erhältlich. Das System kann nach individuellen Vorstellungen gestaltet werden.

HERSTELLER **IKEA**
KOLLEKTION **OMAR**

Breite Einbauschränke mit viel Stauraum für große Küchengeräte, aus Aluminium und mit Glastüren ausgestattet. Eine Ergänzung mit weiteren Elementen für zusätzliches Zubehör ist möglich.

HERSTELLER **SNAIDERO**
KOLLEKTION **ARMADI**

RECHTS:

Großer Einbauschrank mit Aluminiumrahmen und satiniertem Glas. Schafft viel Stauraum.

HERSTELLER **EL MAR CUCINE**
KOLLEKTION **MODUS**

HERSTELLER **ZELARI DE NUZZI**

HERSTELLER **WELLMANN**

Ideal für die Vorratshaltung. Ermöglicht eine besonders günstige Raumausnutzung dank des ausfahrbaren, modernen Wandschranksystems. Die einzelnen Schubregale sind komplett ausziehbar.

HERSTELLER **ALNO**
KOLLEKTION **ALNOGRAND**

Nicht Sie müssen sich zum Kühlschrank begeben, sondern der Kühlschrank kommt zu Ihnen. Harmonisch und unauffällig passt sich das System jeder Einrichtung an. Der Kühlschrank kann in Küche, Schlafzimmer, Wohnzimmer oder Arbeitszimmer integriert werden.

HERSTELLER **SUB-ZERO / WOLF**
KOLLEKTION **700 SERIES**

Schubladen für das Warmhalten von Lebensmitteln und Speisen. Ein Lüftungssystem hält Gegartes in perfektem Zustand. Die Front ist austauschbar, die Regelschalter bleiben dahinter verborgen.

HERSTELLER **SUB-ZERO / WOLF**
KOLLEKTION **WARMING DRAWERS**

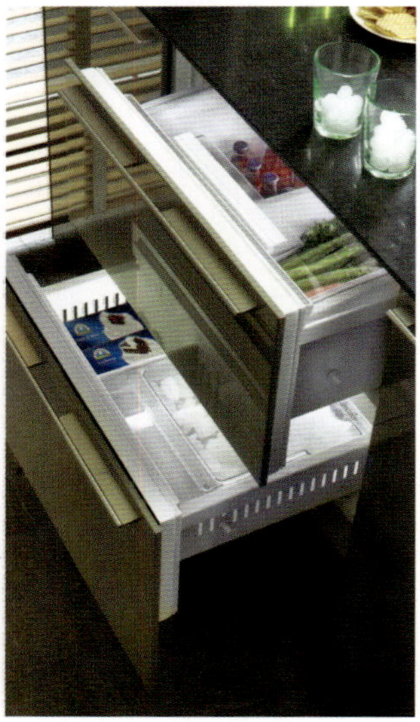

HERSTELLER **SUB-ZERO / WOLF**
KOLLEKTION **700 SERIES**

Dieses Küchensystem integriert auch elektrische Geräte wie eine Kaffeemaschine nebst Schubladen für das Zubehör.

HERSTELLER **SNAIDERO**
KOLLEKTION **KENT**

Schubladeneinsätze für Küchenzubehör und Besteck.

HERSTELLER **SNAIDERO**

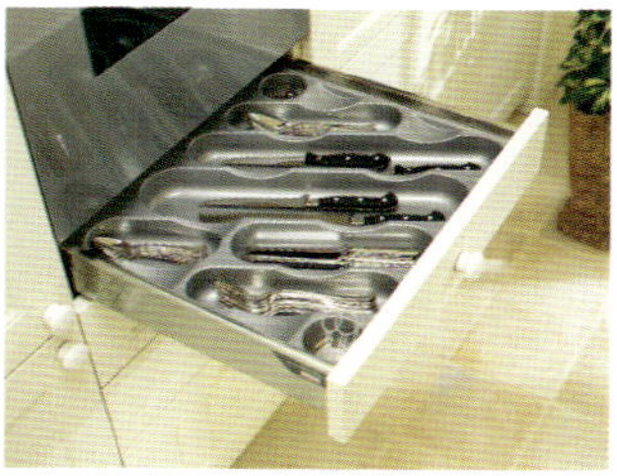

Unterschiedliche Schubladeneinsätze ermöglichen ein schnelles Auffinden aller Gebrauchsgegenstände.

HERSTELLER **SNAIDERO**

Die ausziehbaren und breiten Schubladen sind mit Einsätzen unterteilbar.

Der Besteckschrank mit Griffen kann bequem ins Esszimmer oder auf die Terrasse getragen werden.

System aus Eichenelementen, die kombiniert und ergänzt werden können. Kombiniert erscheinen die Elemente wie ein Einzelstück.

HERSTELLER **SNAIDERO**
KOLLEKTION **KENT**

Muskatnuß
Pfeffer
Paprika
Curry
Pfeffer
Oregano
SieMatic

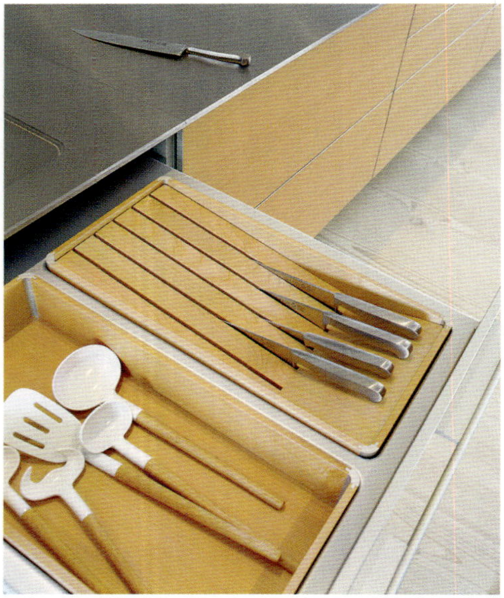

Diese neue, funktionale Linie ermöglicht eine optimale Nutzung von Schubladen und Auszügen für das gesamte Zubehör. Der Deckel braucht nur angehoben zu werden – und schon hat man Zugriff auf alle Utensilien: Schnittbrett, Brotschneide, Messerblock und Gewürzschränkchen.

HERSTELLER **BULTHAUP**
KOLLEKTION **SYSTEM B3**

Multifunktionale Behälter, die Lebensmittel wie Kaffee, Reis und Zucker vor Feuchtigkeit schützen.

HERSTELLER **WELLMANN**

HERSTELLER **BULTHAUP**

Große Schubladen, die komplett ausfahrbar sind, ermöglichen das Verstauen unterschiedlichster Gegenstände, z. B. Putzmittel.

HERSTELLER **ALNO**
KOLLEKTION **ALNOTEC PRO**

HERSTELLER **ALNO**

Die Aluminium- und die Frischhaltefolie sind hier besonders gut platziert, da sie leicht abgetrennt werden können.

HERSTELLER **SIEMATIC**

Besteckschubladen aus Metall. Außer Besteck können auch Gewürze und Spülutensilien darin aufbewahrt werden.

HERSTELLER **SNAIDERO**
KOLLEKTION **GINESTRA**

HERSTELLER **ALNO**
KOLLEKTION **ALNOTEC PRO**

Komplett und leicht ausfahrbare Schubladen aus anodisiertem Aluminium. Sehr solide und geräumig.

HERSTELLER **SIEMATIC**

RECHTS:

HERSTELLER **SNAIDERO**
KOLLEKTION **MITICA**

COMPANY WITH
CERTIFIED QUALITY SYSTEM ISO 9001

HERSTELLER **SNAIDERO**
KOLLEKTION **MITICA**

RECHTS:

HERSTELLER **WELLMANN**

Weinlagerung. Dieses duale System mit digitalen Kontrollschaltern hält die Temperatur konstant und gewährleistet ideale Luftfeuchtigkeit. Die Regale sind aus solidem Kirschbaum gefertigt und bieten große Staukapazität.

HERSTELLER **SUB-ZERO / WOLF**
KOLLEKTION **SERIE 400 – 430 WINE STORAGE + 424 FREE-STANDING**

RECHTS:
HERSTELLER **VINÇON**

Zubehör

Aufhängungen Behälter

In der Küche werden besonders viele Platz sparende und Ordnung schaffende Elemente benötigt. Dies betrifft vor allem Schränke und Regale. Alles muss schnell greifbar und leicht zugänglich gelagert sein.

Dies ist das Grundprinzip, das Sie bei der Auswahl der unterschiedlichen Aufbewahrungssysteme leiten sollte.

Die Mülltrennung verursacht ein besonders komplexes Ordnungsproblem in der Küche. Zu diesem Thema stellen wir Ihnen unterschiedliche Schubladen und Fächersysteme vor.

Außerdem finden Sie hier vielfarbiges Zubehör für Teller, Flaschen, Regale und Schubladen, das der Küche zu einem jugendlichen Design verhilft.

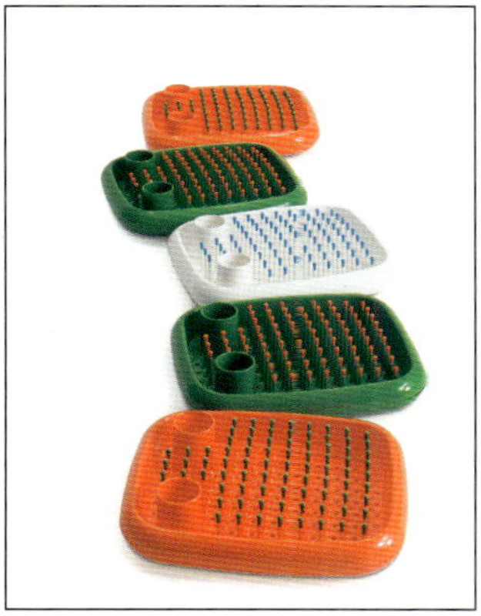

Eine Innenausstattung, die ganz individuell zusammengestellt, erweitert und verändert werden kann.
Die Küchenschränke sind flexibel nutzbar und verwandeln sich in funktionale Elemente, in denen das gesamte Küchenzubehör Platz findet.

HERSTELLER **SIEMATIC**
KOLLEKTION **MULTIMATIC**

RECHTS:

HERSTELLER **VINÇON**

HERSTELLER **SIEMATIC**
KOLLEKTION **MULTIMATIC**

RECHTS:

HERSTELLER **TRAMO**
KOLLEKTION **PARALLEL**

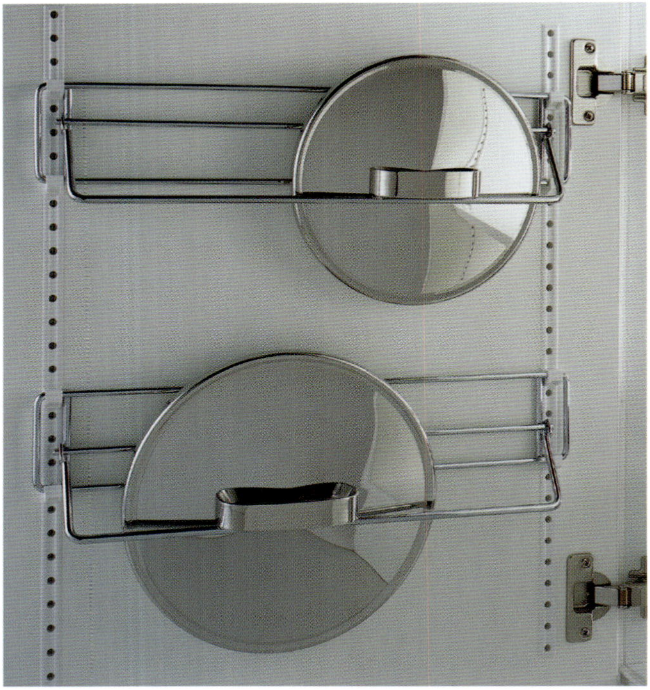

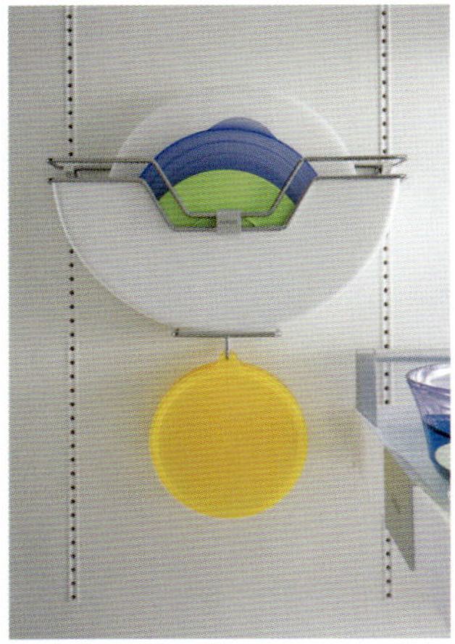

HERSTELLER **SIEMATIC**
KOLLEKTION **MULTIMATIC**

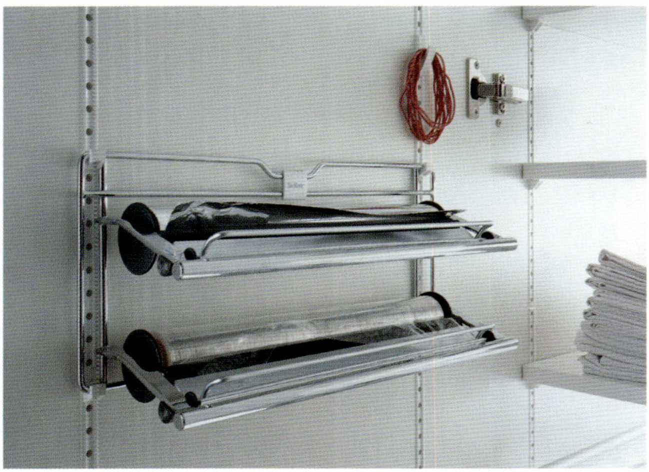

HERSTELLER **ALNO**

HERSTELLER **SIEMATIC**
KOLLEKTION **MULTIMATIC**

Systeme für die Mülltrennung. Hier können Papier, Glas, Plastik, Metall und organischer Abfall getrennt werden.

HERSTELLER **SIEMATIC**

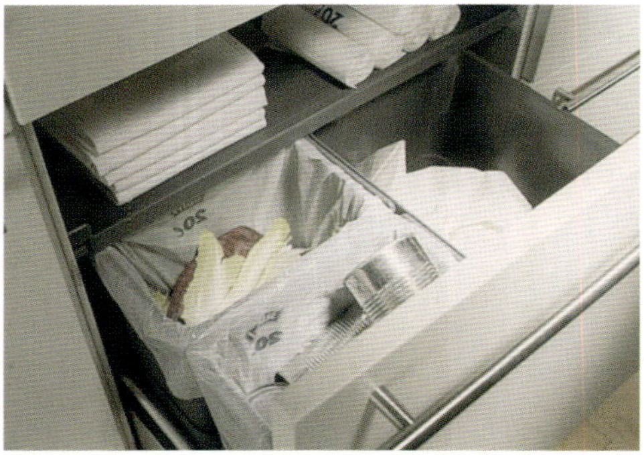

RECHTS:

HERSTELLER **BULTHAUP**

3in1

Schubladen für die Mülltrennung. Mit und ohne Einsätze nutzbar. Gefertigt aus Metall und Aluminium.

HERSTELLER **ALNO**
KOLLEKTION **ALNOTEC**

HERSTELLER **BULTHAUP**
KOLLEKTION **SYSTEM 20**

RECHTS:

Dieses System kann mit anderen Elementen beliebig ergänzt werden. Dazu dient ein simples Hakensystem.

HERSTELLER **WELLMANN**
KOLLEKTION **TRACKLINE**

HERSTELLER **VINÇON**

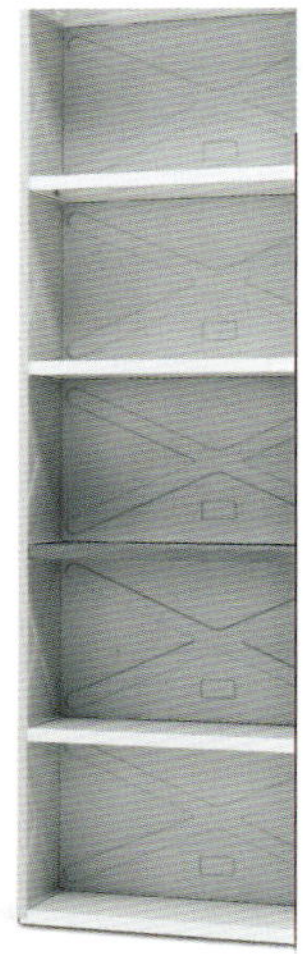

HERSTELLER **MAGIS DESIGN**

GANZ RECHTS:
HERSTELLER **MAGIS DESIGN**
KOLLEKTION **BOOGIE WOOGIE**

HERSTELLER **VINÇON**

HERSTELLER **MAGIS DESIGN**
KOLLEKTION **BOX**

07
LUN

HERSTELLER **MAGIS DESIGN**
KOLLEKTION **TUTTIFRUTTI**
DESIGN **STEFANO GIOVANNONI**

HERSTELLER **MAGIS DESIGN**
KOLLEKTION **STAND BY**
DESIGN **AXEL KUFUS + STUDIO TECNICO**

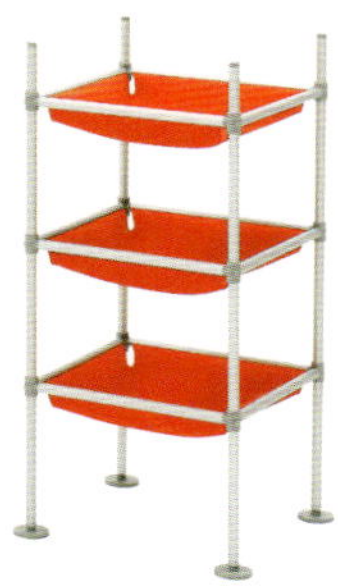

HERSTELLER **MAGIS DESIGN**
KOLLEKTION **DOVE BUTTERFLY**
DESIGN **A & H VAN ONCK**

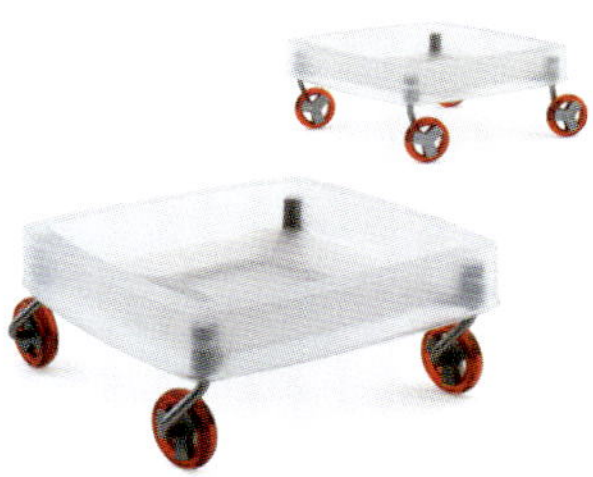

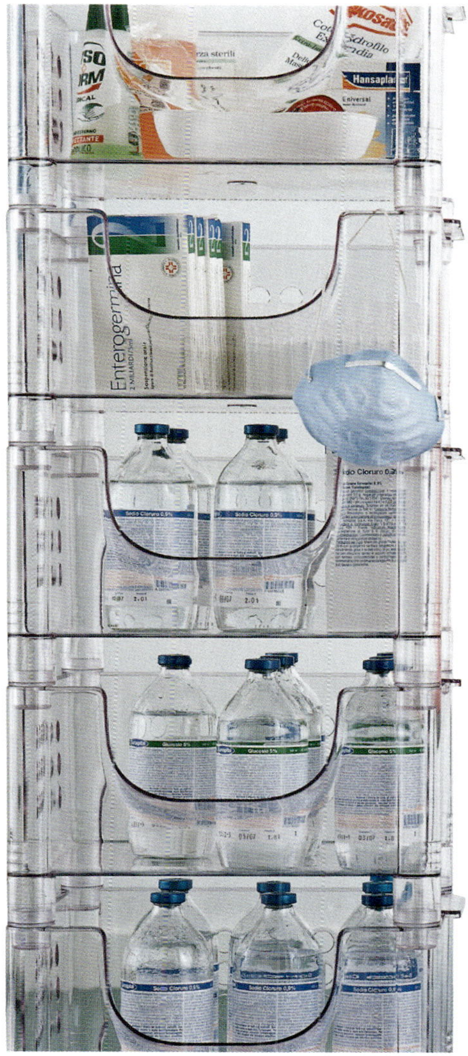

HERSTELLER **MAGIS DESIGN**
KOLLEKTION **BOOGIE WOOGIE**

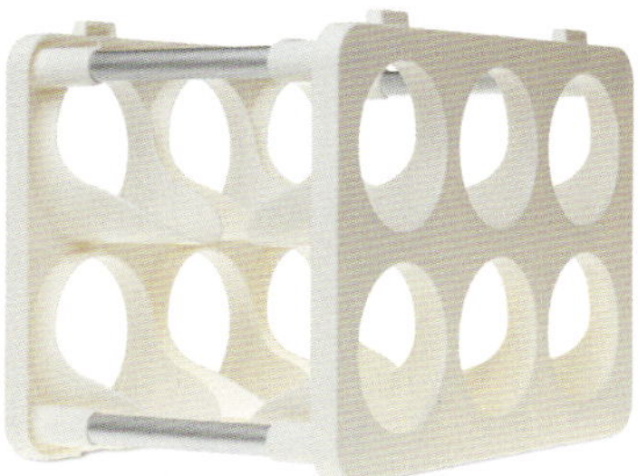

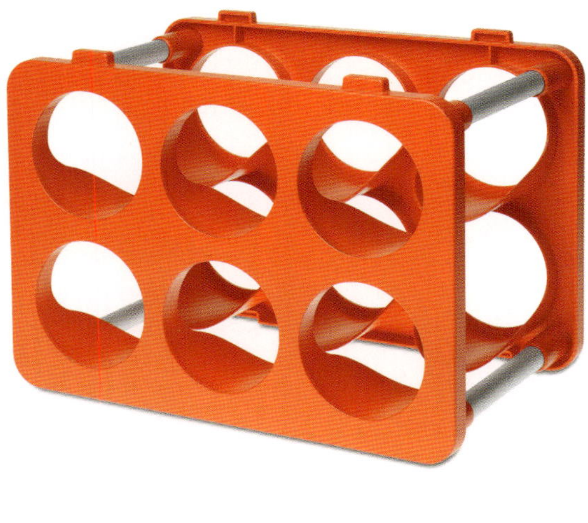

HERSTELLER **MAGIS DESIGN**
KOLLEKTION **BOTTLE**

HERSTELLER **VINÇON**

HERSTELLER **MAGIS DESIGN**
KOLLEKTION **DISH DOCTOR**

HERSTELLER **MAGIS DESIGN**
KOLLEKTION **CAPTAIN LOVETRAY**

HERSTELLER **MAGIS DESIGN**
KOLLEKTION **SALUTE**

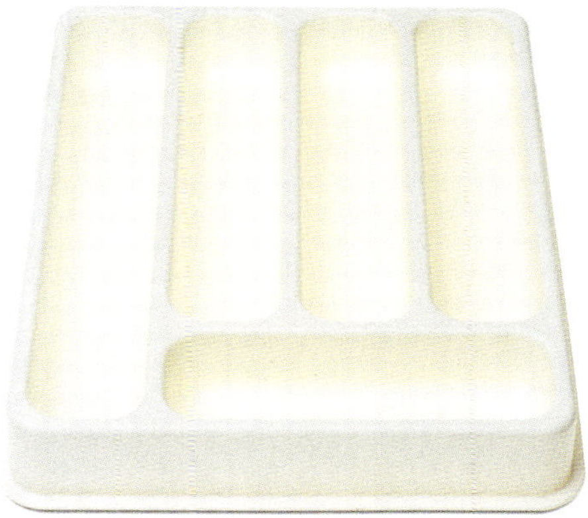

HERSTELLER **MAGIS DESIGN**
KOLLEKTION **A, B, C**

HERSTELLER **MAGIS DESIGN**
KOLLEKTION **TRASH**

HERSTELLER **MAGIS DESIGN**
KOLLEKTION **AMLETO**

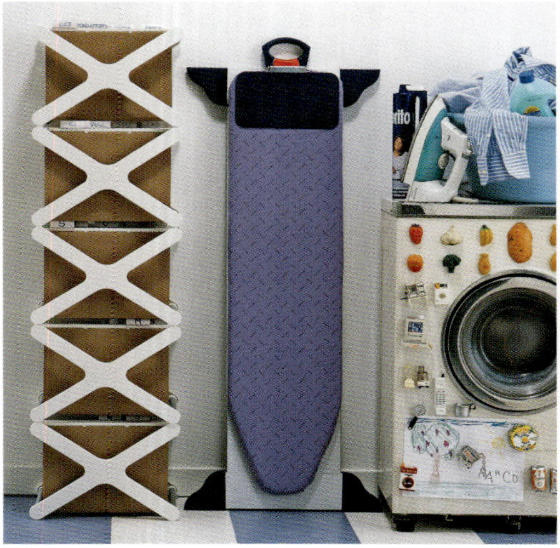

HERSTELLER **HABITAT**

HERSTELLER **MAGIS DESIGN**
KOLLEKTION **DISH DOCTOR**

RECHTS: HERSTELLER **IKEA**
KOLLEKTION **GORM**

IKEA
JOFA
BALTIC

Schlafzimmer

Garderobe Module Einrichtung Zubehör

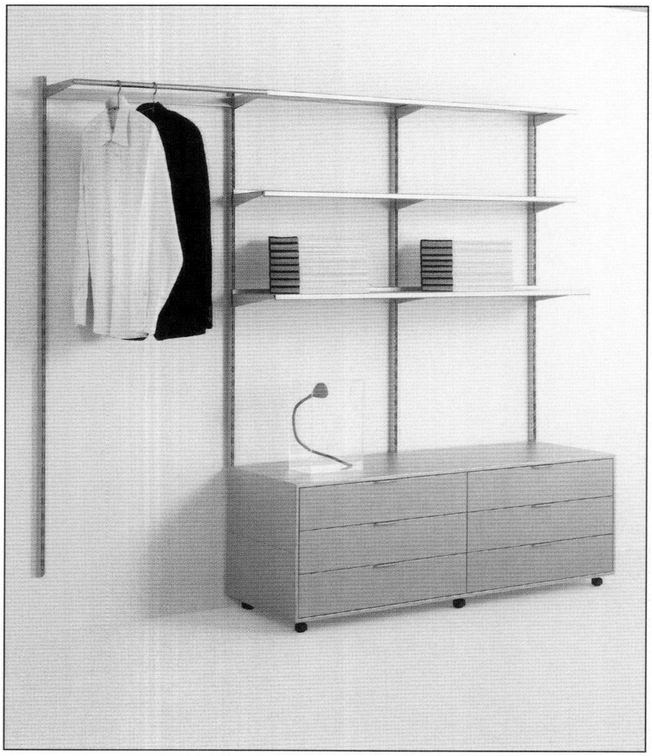

Das Schlafzimmer ist ein Ort der Entspannung und Erholung. Deshalb muss besonders großer Wert auf die Inneneinrichtung und den Bezug der Elemente zueinander gelegt werden.
Im Schlafzimmer befinden sich unterschiedliche Möbeltypen: Betten, Garderobe, Schränke und Nachttische.
Im Folgenden stellen wir Ihnen eine Vielzahl von Kleiderschränken vor. Je mehr Platz Sie für die Aufbewahrung Ihrer Kleidung haben, umso besser können Sie Ordnung halten.
Einige Elemente sind mit Rollen ausgestattet und können flexibel im Schlafzimmer aufgestellt werden. Die meisten Stausysteme sind in hellen Farben gehalten und verleihen auch kleinen Räumen eine besondere Weite.
Gerade Formen sind charakteristisch für Betten. Deshalb können sie leicht mit Nachtschränken und Stausystemen kombiniert werden.

Garderobe

Schlafzimmer Modulsysteme Einrichtung

Es ist immer schwierig, Ordnung in Schränke zu bringen. Wenn man bedenkt, wie viele Gegenstände in ihnen verstaut werden müssen, ist dies nicht verwunderlich.
Verschiedenste Aufbewahrungssysteme ermöglichen ein leichtes Verstauen aller Gegenstände im Zimmer.
Transparenz ist ebenfalls sehr wichtig. Ein bequemer und schneller Zugang ist von entscheidender Bedeutung für den Benutzer. Die folgenden kompakten Elemente verbinden in ihrem Inneren Komfort mit Funktionalität.
Es handelt sich um transparente und helle Stücke. Aus reinen Stauelementen werden auf diese Weise dekorative Möbel. Ihr funktionaler Charakter tritt in den Hintergrund.

Das Foto zeigt individuelle Elemente, mit denen Sie Ihre persönlichen Vorstellungen von einer Garderobe erfüllen können.

HERSTELLER **IKEA**

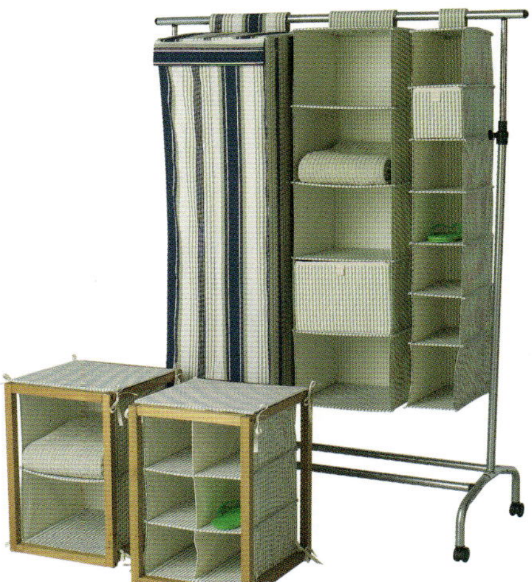

HERSTELLER **IKEA**

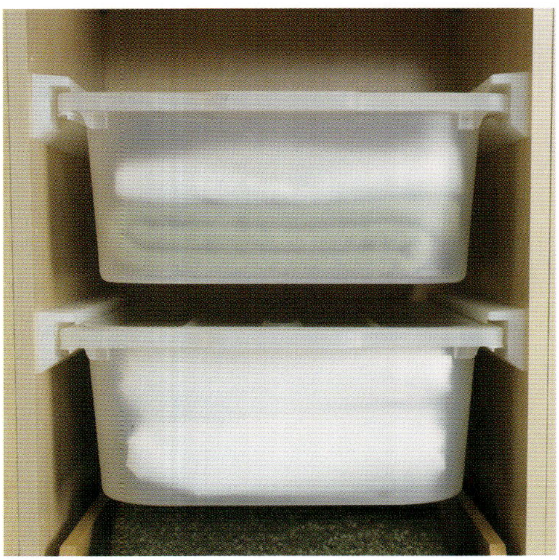

Vorhergehende Seiten: weitere, individuell kombinierbare Modulsysteme aus Metall oder Holz, mit Schubladen, Körben oder Kästen.
Diese Seite: einfache Schubladenvorrichtung und Elemente mit großer Staukapazität im Inneren des Schrankes.

HERSTELLER **IKEA**

Praktische Metallstruktur, leicht mit bereits vorhandenen Möbeln kombinierbar. Mit Vorhängen zum Schutz vor Staub und Licht.

HERSTELLER **YAMAKADO**
KOLLEKTION **SERAFI**

IKEA
IKEA

Modulsystem mit Regalen und Schubladen. Individuell kombinierbar.

HERSTELLER **EXTENDO**

Regalsystem mit Garderobe für die Wand. Trägersystem und Regalbretter bilden eine Struktur mit einfachem und sachlichem Design. Kühles, edles Material und feine Details in der Fertigung.

HERSTELLER **PALLUCCO**
KOLLEKTION **CONTINUA SERVICE**
DESIGN **[ZED] DESIGN NETWORK**

Das kombinierbare Bücherregal „California" mit Einlegeböden aus anodisiertem Aluminium ist auch als Garderobe geeignet. Hierfür ist es mit Hängestangen ausgestattet.

HERSTELLER **BELLATO**
KOLLEKTION **CALIFORNIA**
DESIGN **LUCIANO BERTONCINI**

Komplette Ankleide mit breiten Glasschiebetüren, die Garderobe und Schlafzimmer miteinander verbinden. Durch das lichtdurchlässige Glas wird ein zusammenhängender Großraum geschaffen.

HERSTELLER **RIDAMESIO**
KOLLEKTION **SIPARIUM**

Garderoben mit transparenten und lichtdurchlässigen Schiebetüren. Das Innere ist sichtbar und verleiht einen persönlichen Stil.

HERSTELLER **RIDAMESIO**
KOLLEKTION **SIPARIUM**

RECHTS:

Offene Garderoben mit Einlegeböden und anderem Zubehör. Die Türen bestehen aus Klar- oder Milchglas und sind von Aluminiumrahmen eingefasst.

HERSTELLER **ZELARI DE NUZZI**

Klassische Ankleidelinie, bestehend aus geschlossenen Blöcken ohne Türen, mit Zubehör.

HERSTELLER **ZELARI DE NUZZI**

Dieser Schrank kann in Ihrer Wunschfarbe lackiert werden.

HERSTELLER **ZELARI DE NUZZI**

Die Einlegeböden sind aus Ahornholz gefertigt.

HERSTELLER **NUEVA LINEA**
KOLLEKTION **ARM 32**

Einrichtung

Schlafzimmer Modulsysteme

Im Schlafzimmer ist die Kombination der einzelnen Elemente besonders wichtig.
Um die Flexibilität des Raums zu gewährleisten, ist der Gebrauch von Möbeln mit Rollen zu empfehlen, da hiermit eine Änderung der Zusammenstellung jederzeit möglich ist.
Mit jeder Veränderung erhält der Raum eine andere Atmosphäre und Sie können alles nach Lust und Laune umstellen. Die kompakten Möbel machen ein ordentliches Verstauen von Gegenständen möglich und verringern gleichzeitig die Ansammlung von sichtbaren Objekten im Zimmer.
Die Betten sind einfache, lineare Elemente, die von unten durch Container oder seitlich von Nachttischen gestützt werden.
Um dem Eindruck von Raumknappheit zu begegnen, ist es wichtig, helle Farben zu verwenden, die Tiefe und Breite schaffen.

Dieses schlichte Bett besteht nur aus drei Elementen. Das Bettgestell aus Leichtholz bietet Platz für Zeitschriften und Bücher. Die Matratze besteht aus 100 % Latex. Das Doppelbett hat zwei Matratzenauflagen, die auch getrennt genutzt werden können.

HERSTELLER **PORRO**
KOLLEKTION **SCENT**

Breites Doppelbett mit freundlicher Form. Unter dem Kopfteil ist ein Nachttisch mit Schubladen platzierbar, der über die gesamte Breite läuft.

HERSTELLER **PORRO**
KOLLEKTION **LIPLA**

Ein mobiles Bett für moderne Stadtnomaden. Es besteht aus leichten Materialien, um einen problemlosen Transport zu garantieren. Pfiffige Accessoires sind z. B. ein Moskitonetz oder bunte Kissen. Die Montage ist einfach und von einer Person zu bewältigen.

HERSTELLER **WOGG**
KOLLEKTION **WOGG 24**

Mit diesem Korb wird der Stauraum unter dem Bett ideal genutzt. Hier findet alles Platz, was Sie nicht jeden Tag benötigen.

HERSTELLER **WOGG**
KOLLEKTION **WOGG 24**

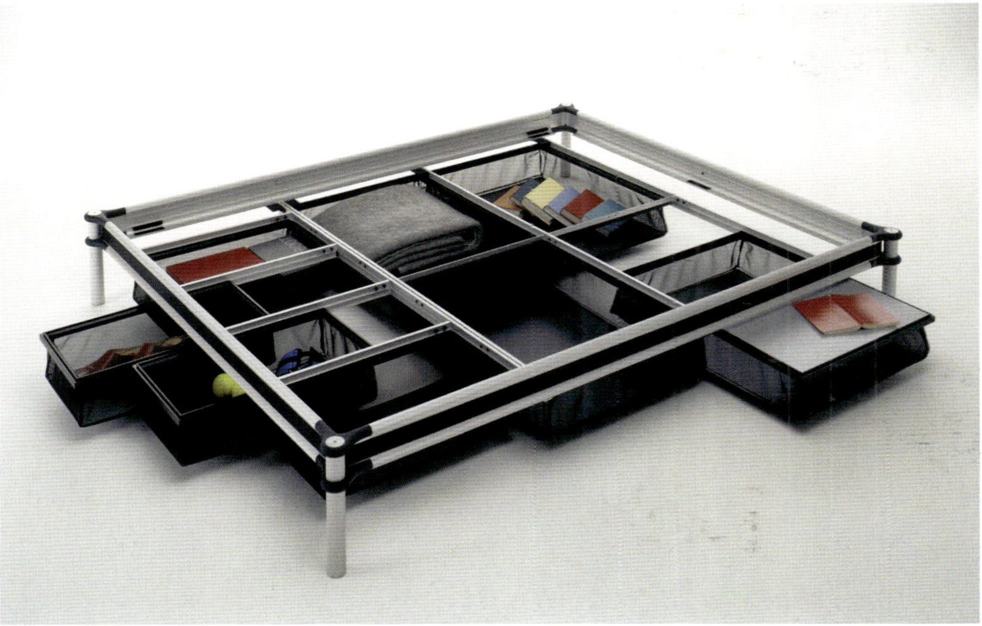

Ein asiatisch-schlichtes Holzbett, breit und niedrig. In das massive Gestell sind Schubladen integriert.

HERSTELLER **PORRO**
KOLLEKTION **TOKYO**

Ein Bett für Individualisten. Das Kopfende ist mit Stoff oder Leder gepolstert. Der Nachttisch auf Rollen passt optisch perfekt.

HERSTELLER **PORRO**
KOLLEKTION **SHINTO**

HERSTELLER **PORRO**
KOLLEKTION **TOKYO**

HERSTELLER **ZANOTTA**

RECHTS:

Diese Kollektion besticht durch ihre besondere Qualität, die innovative Eleganz und ihre Zeitlosigkeit. Sie fügt sich harmonisch in die verschiedensten Umgebungen ein.

HERSTELLER **VICCARBE**
KOLLEKTION **DO IT**

HERSTELLER **ACERBIS INTERNATIONAL**
KOLLEKTION **LYS 116**
DESIGN **MARCO ACERBIS**

HERSTELLER **ZANOTTA**
KOLLEKTION **INVISIBLE**
DESIGN **I. BRIDE**

HERSTELLER **CASSINA**
KOLLEKTION **SLEEPY WORKING BED**
DESIGN **PHILIPPE STARCK**

HERSTELLER **FREDERICIA FURNITURE**

HERSTELLER **MOBLES BELLMUNT**
KOLLEKTION **SISTEMA MIDI**
DESIGN **FRANCESC RIFÉ**

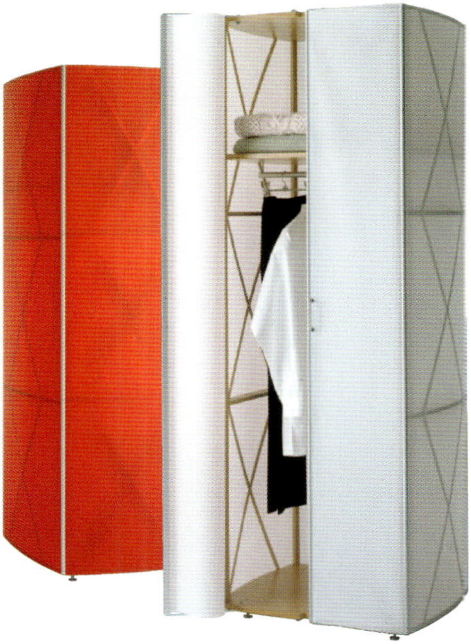

HERSTELLER **THUT**
KOLLEKTION **FOLIENSCHRANK 385**

HERSTELLER **THUT**
KOLLEKTION **MEDIENSCHRANK 386**

HERSTELLER **THUT**
KOLLEKTION **ALUCOBOND-SCHRANK 450**

Bad

Einrichtung Toilette Zubehör

Das Bad ist zwar einer der kleinsten Räume im Haus, deshalb ist es aber lange noch nicht weniger wichtig. Fundamental ist hier die geschickte Anordnung der Möbel. Das Waschbecken hat heute oft eine geradlinige Form. Stausysteme können sowohl horizontal als auch vertikal angebracht werden und bilden zusammen mit dem Waschbecken ein einheitliches Element. Die täglich benutzten Badprodukte und -textilien können in Regalen und Schubladen verstaut werden.

Selbst das langweiligste Bad können Sie durch den gezielten Einsatz von Accessoires in einen Raum mit Atmosphäre verwandeln. Leicht zu montierende und preiswerte Aufbewahrungslösungen in lebendigen Farben sind dafür gut geeignet. Auch farblich abgestimmte Textilien helfen, Bad und Toilette in einen Raum zu verwandeln, in dem man sich gerne aufhält.

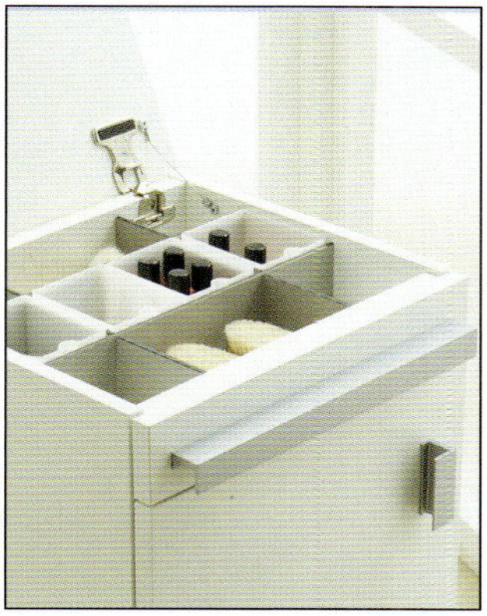

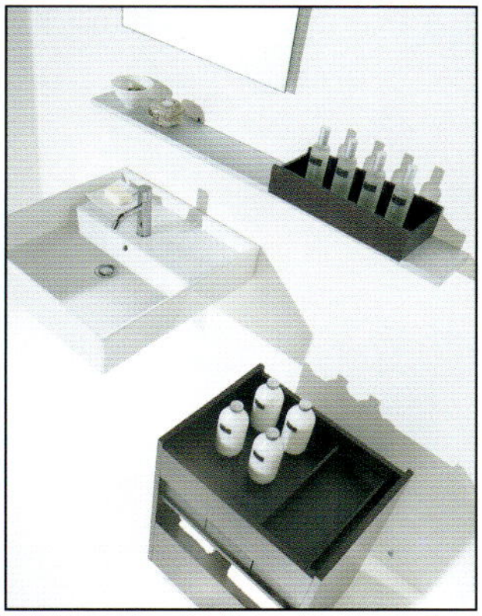

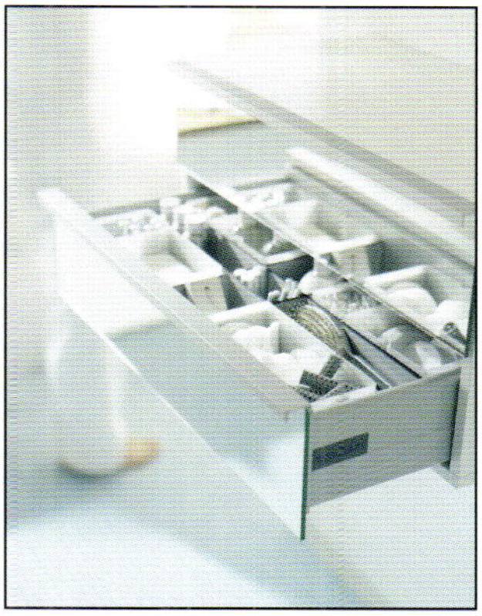

Einrichtung

Toilette Modulsysteme Badezimmer

Stauraum ist in den meisten Badezimmern besonders knapp, daher ist es sehr wichtig, eine intelligente und optisch ansprechende Aufbewahrungslösung zu finden.
Waschbecken werden immer mehr zum Dekorationsobjekt mit Skulpturcharakter und bestimmen den Raum. Dank dekorativer Formen und Farben wird dieses einfache Element zum Hauptdarsteller des Bads.

Auf den folgenden Seiten zeigen wir Ihnen einige Waschbecken, die mit Staumodulen horizontal oder vertikal verbunden sind. Aber es gibt auch frei stehende Elemente mit Rollen, die problemlos im Raum verschoben werden können.
Der Gebrauch von unterschiedlichen Farbtönen für die Aufbewahrungselemente gibt dem Bad ein frisches und jugendliches Aussehen.

Hier erhalten Sie Antwort auf eine Frage, die sich in allen Badezimmern stellt: Wie schaffe ich Ordnung? Dieses Element vereint klare Linien und eine ansprechende Kombination von Materialien.
Das Waschbecken ist in einen würfelförmigen Schrank integriert, wodurch es fast „verschwindet" und nur noch an den Armaturen zu erkennen ist. Dieses System kombiniert ein anspruchsvolles, schlichtes Design mit einer praktikablen, Platz sparenden Aufbewahrungslösung, in der alle benötigten Gegenstände verstaut werden können. Die Holzfront sorgt für eine warme, natürliche Ausstrahlung.

HERSTELLER **ARTQUITECT EDITION**
KOLLEKTION **TANK**
DESIGN **FRANCESC RIFÉ**

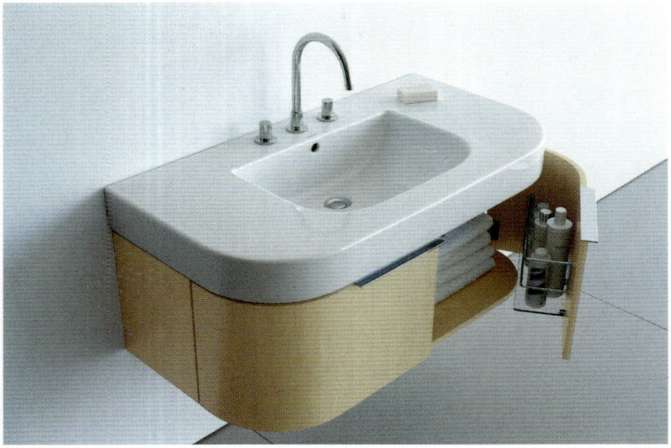

Die Kollektion bietet ein klares und zeitloses Konzept. Die einfache Grundform, der Buchstabe D, wirkt organisch und besticht dennoch durch moderne Klarheit ohne unnötige Verzierung. In brillanter Weise wird hier eine Verbindung von Keramik mit Holzelementen hergestellt: Eine feine Chromleiste, die das Möbel umschließt, macht alles zu einer perfekten Einheit.

HERSTELLER **DURAVIT**
KOLLEKTION **HAPPY D**
DESIGN **SIEGER DESIGN**

RECHTS:

HERSTELLER **KERAMAG**
KOLLECTION **VIVANO**

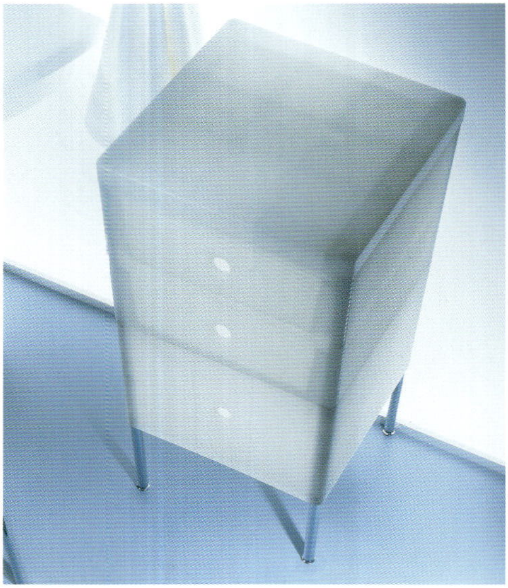

Dieses moderne Modul ist transparent und erlaubt einen guten Blick ins Innere.

HERSTELLER **DURAVIT**
KOLLEKTION **JELLY CUBE**

HERSTELLER **DURAVIT**
KOLLEKTION **DARO**

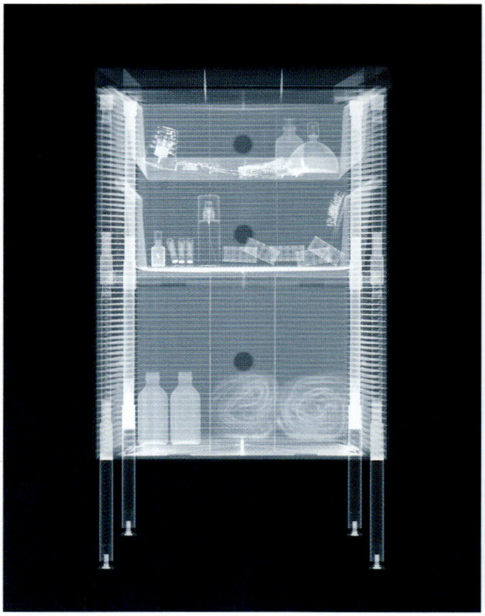

HERSTELLER **DURAVIT**
KOLLEKTION **HIGHLIGHTS**

HERSTELLER **DURAVIT**
KOLLEKTION **STARCK 1.2.3**
DESIGN **PHILIPPE STARCK**

HERSTELLER **DURAVIT**
KOLLEKTION **IN THE MOOD**

HERSTELLER **DURAVIT**
KOLLEKTION **STARCK**

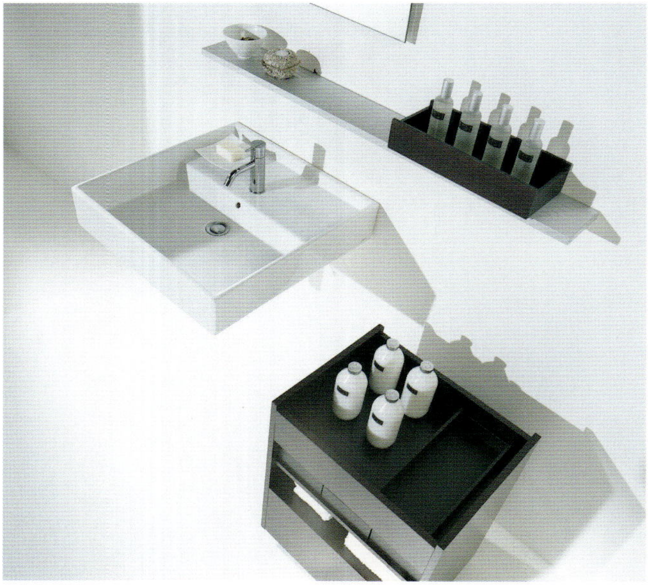

HERSTELLER **INDUSTRIAS COSMIC**
KOLLEKTION **CONTAINER**
DESIGN **XAVIER CLARAMUNT**

HERSTELLER **INDUSTRIAS COSMIC**
KOLLEKTION **SYSTEM**
DESIGN **RICARD FERRER**

HERSTELLER **DURAVIT**
KOLLEKTION **HIGHLIGHTS**

Dieses elegante und leichte Design passt zu großen und kleinen Bädern. Gleichzeitig bietet dieses System unbegrenzte Möglichkeiten der Aufbewahrung. Sie können zwischen attraktiven Holz- und Aluminiumoberflächen wählen, die mit einem Mattglas kombiniert sind.
Vielseitiges Zubehör: hohe Schränke mit Beleuchtung für alle kleinen Gegenstände.

HERSTELLER **DURAVIT**
KOLLEKTION **XL–LARGE**
DESIGN **SIEGER DESIGN**

In den multifunktionalen Spiegelschränken können alle kleinen, aber unerlässlichen Badutensilien ordentlich und übersichtlich verstaut werden.

HERSTELLER **DURAVIT**
KOLLEKTION **MULTIBOX**

Eine Kombination aus kleinen, gleich großen Kästen. Weitere Kästen können in vertikaler oder horizontaler Richtung hinzugefügt werden. Dieses flexible, junge und moderne Möbelprogramm bietet unbegrenzte Staumöglichkeiten in großen und kleinen Räumen. Auch die Farbkombination ist ein entscheidendes Element. Die in unterschiedlichen Farbtönen abstimmbaren Türen passen zu den kleinen Schubladen aus Polypropylen.

HERSTELLER **DURAVIT**
KOLLEKTION **4X9**
DESIGN **SIEGER DESIGN**

HERSTELLER **DURAVIT**
KOLLEKTION **DARLING**

HERSTELLER **DO+CE**
KOLLEKTION **CUBOX**

Ein farbenfrohes Bad, hell, offen und gemütlich. Die Beleuchtung ist an der Schrankrückwand versteckt angebracht und projiziert weiches und warmes Licht durch das Frontglas – in weißer, blauer und orangefarbener Tönung.

HERSTELLER **DURAVIT**
KOLLEKTION **IN THE MOOD**

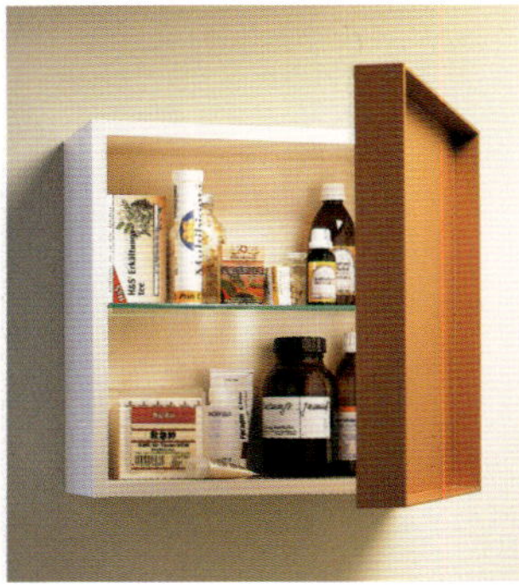

Eine vielseitige Linie individueller Badmöbel. Eine Kombination aus Holzoberflächen, die an der Front aus kratzfestem, besonders widerstandsfähigem und leicht abwaschbarem Kunststoff besteht. Eine feine Zierleiste umgibt die Frontseite und vermittelt Eleganz und Feinheit. Sie dient gleichzeitig als Türgriff.

HERSTELLER **DURAVIT**
KOLLEKTION **STARCK 1.2.3**
DESIGN **PHILIPPE STARCK**

HERSTELLER **DURAVIT**
KOLLEKTION **STARCK 1.2.3**
DESIGN **PHILIPPE STARCK**

HERSTELLER **DURAVIT**
KOLLEKTION **4X9**
DESIGN **SIEGER DESIGN**

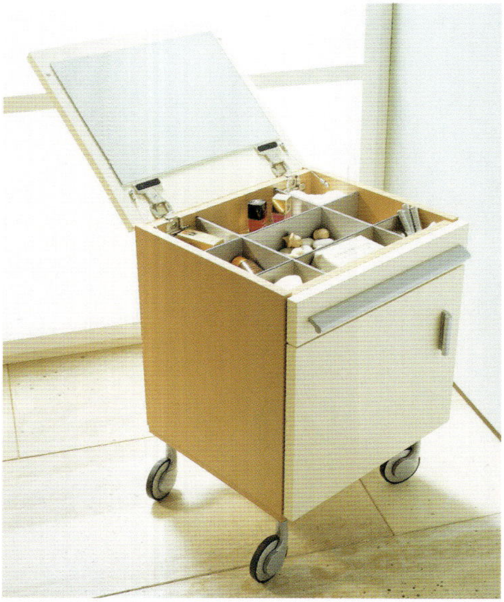

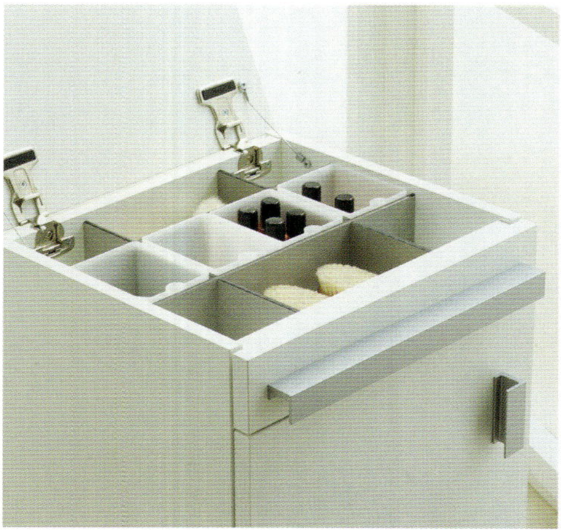

Körperpflege und Kosmetik stehen im Mittelpunkt eines jeden Bads. Deshalb wird eine fast unendliche Vielzahl an Badezimmermöbeln für jeden Anwendungsbereich angeboten.

HERSTELLER **DURAVIT**
KOLLEKTION **XL–LARGE**
DESIGN **SIEGER DESIGN**

Leicht kombinierbare Aufbewahrungselemente. Dieses Modulsystem genügt jedem individuellen Anspruch.

HERSTELLER **DURAVIT**
KOLLEKTION **DARLING**

Der praktische Behälter mit Rollen bietet beweglichen Stauraum mit Deckplatte, ausziehbarer Schublade und Innenschublade. Moderne Holzfertigung.

HERSTELLER **DURAVIT**
KOLLEKTION **FOGO**

Die rechteckige Grundform gilt für alle Serienelemente und ermöglicht ein fantasievolles Arrangement für Waschtisch, Hoch- und Unterschränke sowie Rollcontainer.

HERSTELLER **DURAVIT**
KOLLEKTION **IN THE MOOD**

DURAVIT

Ein vielseitiges System mit Aluminiumausstattung, das viele Möglichkeiten bietet.

In dieser Kollektion können Waschbecken, Schränke, Regale und Hilfsmodule miteinander kombiniert werden. Sie ist eine Erweiterung des bekannten Systems, mit einer feinen Ästhetik und der interessanten Verchromung, die bereits eine Vielzahl der MIDI-Familien bestimmt.

HERSTELLER **ARTQUITECT EDITION**
KOLLEKTION **MIDI**
DESIGN **FRANCESC RIFÉ**

RECHTS:

HERSTELLER **ARTQUITECT EDITION**
KOLLECTION **MIDI**
DESIGN **FRANCESC RIFE**

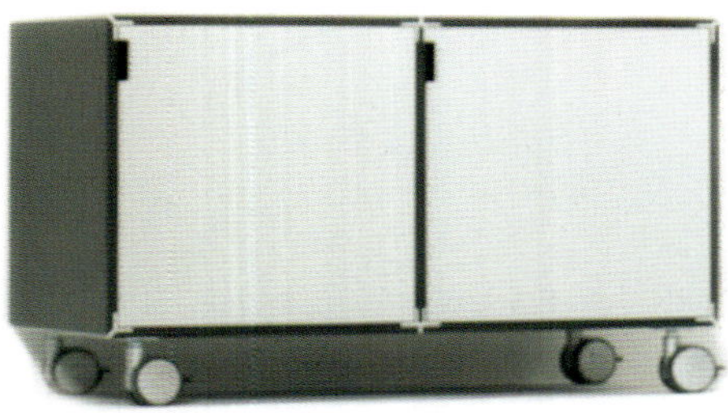

Ein Bausystem, das drei Aluminiumverbindungsstücke mit Wandteilen kombiniert. Hiermit können verschiedene Module geschaffen werden, die sich ästhetisch und funktional perfekt in die Umgebung einfügen.

HERSTELLER **ESTOLI**
KOLLECTION **MODULAR MODULES**
DESIGN **ROVIRAS Y TORRENTE ASS.**

Türmodul mit Rollläden, die geöffnet werden können, ohne dass Sie sich bis zum Boden bücken müssen. Die Rollläden sind aus Ahorn oder Kirschbaum und mit transparentem oder mattem Plexiglas in Silberton erhältlich.

HERSTELLER **PUNT MOBLES**
KOLLEKTION **HOME**
DESIGN **TERENCE WOODGATE**

RECHTS:

Dieser Spiegelschrank ist nicht unbedingt für die Nutzung im Bad gedacht. Er ist hoch und in alle Richtungen leicht drehbar. Durch diese Eigenschaften ist er besonders als flexibler Stauraum geeignet und ist somit die Lösung für sehr enge Räume.

HERSTELLER **RAPSEL**
KOLLECTION **AMBROGIO**
DESIGN **HERBERT LUDWIKOWSKI**

Hier wird zeitloses Weiß mit leuchtenden Farbtönen in Kontrast gesetzt. Aluminium und Kupfer glänzen auf einer eleganten Front.

HERSTELLER **DURAVIT**
KOLLEKTION **STARCK 1.2.3**
DESIGN **PHILIPPE STARCK**

Zubehör

Tüten Dosen Wäschekörbe Papierrollenhalter

Jedes Bad braucht sein eigenes Zubehör, um die täglich benutzten Gegenstände problemlos verstauen zu können.
Lebhafte Farben geben dem Bad eine besondere Atmosphäre und einen persönlichen Charakter. Besonders harmonisch im Bad wirken runde Formen aus weichen Materialien, die in die vielen kleinen Ecken im Bad passen. Mit diesen Elementen wird Ordnung in jedes Bad gebracht. Sie machen es zu einem vielseitigen und funktionalen Ort.

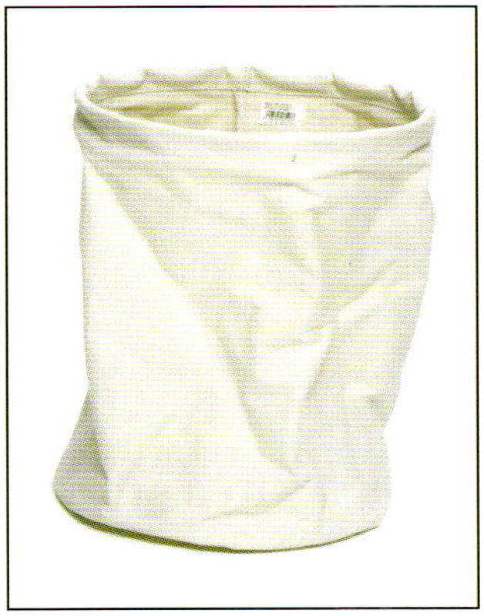

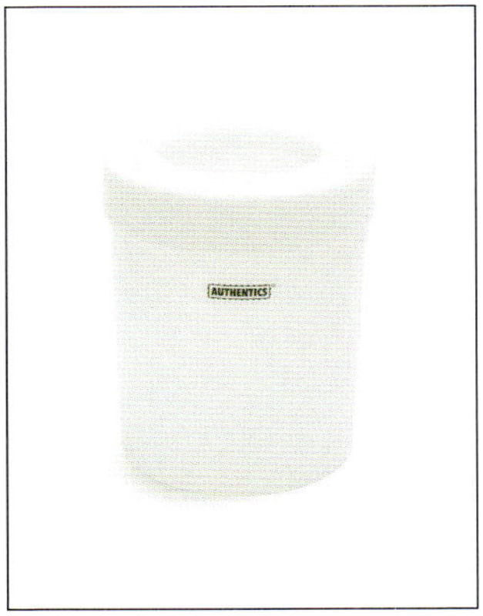
AUTHENTICS

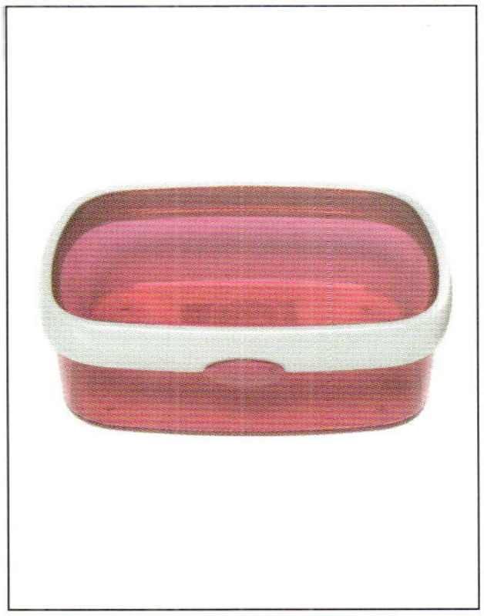

HERSTELLER **VINÇON**

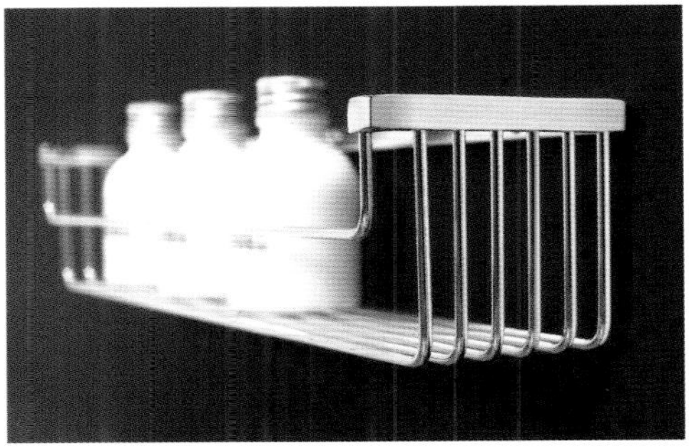

Rollenhalter mit Reserve.

HERSTELLER **MARCELLO ZILIANI KROVER**
KOLLEKTION **ROLL**
DESIGN **MARCELLO ZILIANI**

Modulsystem für das Bad.

HERSTELLER **EXTENDO**

HERSTELLER **HABITAT**

HERSTELLER **VINÇON**

HERSTELLER **HABITAT**

HERSTELLER **VINÇON**

Bezugsquellen

ACERBIS INTERNATIONAL spa
Via Brusaporto 31
24068 Seriate
ITALIEN
Tel. +39 0352 94222
Fax +39 0352 914 54
www.acerbisinternational.com

ALBUM
Via Caralotti 19
20046 Biassono-Milano
ITALIEN
Tel. +39 039 2200-41
Fax +39 039 2200-444
www.album.it

ALNO AG
88629 Pfullendorf
Tel. +49 (0)7552 21-0
Fax +49 (0)7552 21-37 89
www.alno.de

ARTquitect
Dolors Granés, 79
08440 Cardedeur – Barcelona
SPANIEN
Tel. +34 902 477474
www.artquitect.net

BULTHAUP GmbH & Co. KG
Werkstraße 6
84155 Bodenkrichen
Tel. +49 (0)8741 80-0
Fax +49 (0)8741 80-309
www.bulthaup.de

CASA Y CABRERO DESÚS
Luxemburgo, 19-23
08769 Castellví de Rosanes
Barcelona
SPANIEN
Tel. +34 93 7735660
Fax +34 93 7769905
www.cycsa.es

CASSINA spa
Via Busnelli 1
20036 Meda
ITALIEN
Tel. +39 0362 372-1
Fax +39 0362 342246
www.cassina.it

CLUB 8 MØBLER COMPANY A/S
Fabriksvej 4
6870 Øgold
DÄNEMARK
Tel. +45 70 1313-66
Fax +45 70 1313-67
www.boconcept.com

DI PALMA ASSOCIATI
Corso Venezia 37
20121 Milano
ITALIEN
Tel. +39 02 760-21515
Fax +39 02 760-09606
info@dipalmaassociati.com

DO+CE (Muebles Doce S.L.)
Calle Gregal, Parcela 14-5
46440 Almussafes (Valencia)
SPANIEN
Tel. +34 96 17900-18
Fax +34 96 17900-12
www.do-ce.com

DURAVIT AG
Werderstraße 36
78132 Hornberg
duravit@duravit.de
Tel. +49 (0)7833 70-0
Fax +49 (0)7833 70-289
www.duravit.de

ELMAR SRL
Via E. Salgari 18
31030 Biancade (TV)
ITALIEN
Tel. +39 04 22849142
www.elmarcucine.com

ESTOLI S.A.
Pol. Ind. Casanova
Av. Països Catalans 18
E-08730 Els Monjos – Barcelona
SPANIEN
Tel. +34 938 983 600
Fax +34 938 980 462
www.estoli.com

EXTENDO
Via E. Fermi 5/b
31030 Castello di Godego (TV)
ITALIEN
Tel. +39 0423 767595
Fax +39 0423 467945
www.extendoweb.com

FREDERICIA FURNITURE A/S
Treldevej 183
7000 Fredericia
DÄNEMARK
Tel. +45 75 923-344
Fax +45 75 923-876
www.fredericia.com

HABITAT DEUTSCHLAND GmbH
Große Elbstraße 264
22767 Hamburg
Tel. +49 (0)40 357656-61
Fax +49 (0)40 357656-65
www.habitat.de

IKEA GmbH & Co. KG
Am Wandersmann 2-4
65719 Hofheim-Wallau
www.ikea.de

INDUSTRIAS COSMIC S.A.U.
C/ Cerdanya, 2
Pol. Ind. La Borda
Apto. Correos p.o. Box 184
08140 Caldes de Montbui,
Barcelona
SPANIEN
Tel. +34 938 6542-77
Fax +34 938 6542-64
www.icosmic.com

KABALAB LLC
311 Baltic Street
Suite 1A
Brooklyn, NY 11201
USA
Tel. +1 718 6665683
Fax +1 718 9351080
www.kabalab.com

KERAMAG AG
Kreuzerkamp 11
40878 Ratingen
Tel. +49 (0)2102 916-0
Fax. +49 (0)2102 916-245
www.keramag.de

KLENK COLLECTIONEN
Industriestraße 34
72221 Haiterbach
Tel. +49 (0)7456 93 82-0
Fax. +49 (0)7456 93 82-40
www.klenk-collection.de

LAGO srl
Via dell´Artigianato II n.21
35010 Villa del Conte (Padova)
ITALIEN
Tel.+ 39 0495 994-299
Fax.+ 39 0495 994-199
www.lago.it

LIGNE ROSET
Rosef Möbel GmbH
Industriestr. 51
79194 Gundelfingen/Freiburg
Tel. +49 (0)761 592090
www.ligne-roset.de

MAGIS spa
Via Magnadola 15
31045 Motta di Livenza (TV)
ITALIEN
Tel. +39 0422 862600
Fax +39 0422 766395
www.magisdesign.com

MARCELLO ZILIANI
Via Amba d'Oro 68
25123 Brescia
ITALIEN
Tel. +39 030 363758
Fax +39 030 360430
www.marcelloziliani.com

MDF ITALIA srl
Via Morimondo 5/7
20143 Milano
ITALIEN
Tel. +39 02 818041-00
Fax +39 02 818041-08/09
www.mdfitalia.it

MISCEL·LÀNIA
Dinamica Complements, S.L.
08015 Barcelona
SPANIEN
Tel. +34 93 473-1133
Fax +34 93 473-2600
www.miscelania.com

MOBILEFFE spa
Via Ozanam 4
20031 Cesano Maderno (Mi)
ITALIEN
Tel. +39 0362 52941
Fax +39 0362 502212
www.mobileffe.com

MOBLES BELLMUNT
Del Puig, 12
08510 Roda del Ter (Barcelona)
SPANIEN
Tel. +34 938 500-038
Fax +34 938 500-245

MONTIS
Steenstraat, 2
Postbus 153
5100 AD Dongen
NIEDERLANDE
Tel. +31 162 3777-77
Fax +31 162 3777-11
www.montis.nl

PALLUCCO ITALIA spa
Via Azzi 36
31040 Castagnole di Paese (TV)
ITALIEN
Tel. +39 0422 438-800
Fax +39 0422 438-555
www.pallucco.com

ONADIS
Numància 69-73, 7° A
08029 Barcelona
SPANIEN
Tel. +34 93 363 38-02
Fax +34 93 363 38-53
www.onadis.com

PORRO INDUSTRIA MOBILI
Via per Cantu 35
22060 Montesolaro
(Como)
ITALIEN
Tel. +39 031 780237
Fax +39 031 781529
www.porro.com

PUNT MOBLES S.L.
Islas Baleares, 48
Apdo. Correos, 14
46988 Fte. del Jarro
Valencia
SPANIEN
Tel. +34 961 343-270
Fax +34 961 343-268
www.puntmobles.es

RAPSEL
Via Volta 13
20019 Settimo Milanese (Mi)
ITALIEN

Tel. +39 02 3355981
Fax +39 02 33501306
www.rapsel.it

RIMADESIO
Via Furlanelli 96
20034 Guissano (Mi)
ITALIEN
Tel. +39 0362 317-1
Fax +39 0362 317-317
www.rimadesio.it

SAWAYA & MORONI
Via Andegari 18
20121 Milano
ITALIEN
Tel. +39 02 863951
Fax. +39 02 86464831
www.sawayamoroni.it

SIEMATIC GMBH & CO. KG
32582 Löhne
Tel. +49 (0)5732 67-0
Fax +49 (0)5732 67-297
www.siematic.com

SNAIDERO RINO spa
le Rino Snaidero Cavaliere del Lavoro 15
33030 Majano (Udine)
ITALIEN
Tel. +39 0432 063111
Fax +39 0432 063235
www.snaidero.it

STUA
Polígono, 26
20115 Astigarraga
SPANIEN
Fax +34 943 556 002
www.stua.com

SUB-ZERO / WOLF
6B Imprimo Park
Lenthall Road
Debden, Loughton
Essex IG10 3UF
ENGLAND
Tel. +44 20 841838-00
Fax +44 20 841838-99
www.sub-zero.eu.com

THUT MÖBEL
Ackerweg 28
CH-5103 Möriken
SCHWEIZ
Tel. +41 62 893-1284
Fax +41 62 893-1110
www.thut.ch

TISETTANTA spa
Via Tofane 37
20034 Guissano (Mi)
ITALIEN
Tel. +39 0362 3191
www.tisettanta.it

TRAMO
Grupo T Diffusion, S.A.
Barcelona, 72-74
08820 El Prat de Llobregat
Barcelona
SPANIEN
Tel. +34 93 479697-1
Fax +34 93 479697-3
www.tramo.es

VICCARBE HÁBITAT S.L.
Trav. Camí el Racó 1
P.I. Norte Beniparrell
46469 Valencia
SPANIEN
Tel. +34 96 1201010
Fax. +34 96 1211211
www.viccarbe.com

VINÇON BARCELONA
Passeig de Gràcia, 96
08008 Barcelona
SPANIEN
Tel. +34 93 215-6050
Fax. +34 93 215-5037
www.vincon.com

WELLMANN GMBH & CO. KG
Bustedter Weg 16
32130 Enger
Tel. +49 (0)5223 165-0
Fax. 0049 (0)5223 165-51621
www.wellmann.de

WOGG AG
Im Grund 16 Dättwil
CH-5405 Baden
SCHWEIZ
Tel. +41 56 48337-00
Fax. +41 56 48337-19
www.wogg.ch

YAMAKADO
Viaduc des Arts
65, Avenue Daumesnil
75012 París
FRANKREICH
Tel. +33 01 434079-79
Fax. +33 01 434079-80
www.yamakado.com

ZANOTTA MILANO
Via Vittorio Veneto 57
20054 Milano
ITALIEN
Tel. +39 0362 4981
Fax +39 0362 451038
www.zanotta.it

ZEITRAUM MÖBEL & EINRICH-
TUNGEN GmbH
Äußere Münchner Straße 2
82515 Wolfratshausen
Tel. +49 (0)8171 4181-30
Fax. +49 (0)8171 4181-41
www.zeitraum-moebel.de

ZELARI DE NUZZI
Principe de Vergara, 44
Madrid
SPANIEN
Tel. +34 91 65886-81
Fax. +34 91 65886-82
www.zelari.es

ZOLTAN
Via Benedetto Croce 8
20090 Vimodrone (MI)
ITALIEN
Tel. +39 02 27400-160
Fax. +39 02 27400-184
www.zoltan.it